Horst Gunkel erzählt

Ausgewählte Lehrreden des Buddha

in zeitgemäßer und teilweise erläuternder Form

Gelnhäuser buddhistische Erzählungen, Band 4

Das Buch

Der Palikanon enthält ausgewählte Lehrreden des Buddha. Wir erleben hier den historischen Buddha Shakyamuni und seine häufig unkonventionellen, immer aber hilfreichen Reden und Handlungen. Die Lehrreden sind allerdings nicht in der altertümlichen und häufig ermüdenden Fassung des Palikanon wiedergegeben, sondern in einer modernen und erfrischenden, teilweise auch humorvollen Sprache. Mitunter erlaubte sich der Autor zu kürzen oder etwas zu erläutern, sodass eine ebenso unterhaltsame wie lehrreiche Lektüre entstand, jedoch keine Grundlage für eine tiefer gehende Textexegese.

Kursiv und fett gedruckte Begriffe sind in einem Glossar am Ende des Buches erklärt.

Der Autor

Horst Gunkel, Jahrgang 1951, arbeitete 40 Jahre als Lehrer an einem beruflichen Schulzentrum. Er engagierte sich in zahlreichen Vereinen und Bürgerinitiativen zum Schutz des Lebens in all seinen Formen. Von 1981 bis 1995 war er in zahlreichen Gremien und zwei Regionalparlamenten aktiv. Von 1987 bis 2000 leitete er außerdem das ÖkoBüro Hanau. Anfang der 90er Jahre begegnete er dem Buddhismus und erkannte schnell, dass ein Engagement hierin (noch) wichtiger sei als sein bisheriges politisches Wirken. Er legte alle politischen Ämter nieder und setzte sich im Netzwerk Engagierter Buddhisten für ökologische, pazifistische und soziale Projekte ein. 1996 kam er zur Buddhistischen Gemeinschaft Triratna (damals: Freunde des Westlichen Buddhistischen Ordens), für die er zunächst in Frankfurt/M. eine Meditationsgruppe aufbaute, dann die Buddhistische Gemeinschaft Gelnhausen. Hier begann er Texte aus dem Palikanon nachzuerzählen. Einige davon fanden Eingang in dieses Buch.

Weitere Geschichten von Horst Gunkel finden sich unter
http://www.gelnhausen-meditation.de

Horst Gunkel erzählt

Ausgewählte Lehrreden des Buddha

in zeitgemäßer und teilweise erläuternder Form

Band 4 der Gelnhäuser buddhistischen Erzählungen

Bibliografische Information der Deutschen Nationalbibliothek: Die Deutsche Nationalbibliothek verzeichnet diese Publikation in der Deutschen Nationalbibliografie; detaillierte bibliografische Daten sind im Internet über <u>dnb.dnb.de</u> abrufbar.

Originalausgabe 2021
© 2021 by Horst Gunkel

Bei Korrekturen wurde der Autor unterstützt von Tatjana Ingold, Jutta Protzmann und Sraddhabandhu.

Herstellung und Verlag: BoD – Books on Demand, Norderstedt

ISBN: 978-3-7526-2197-6

Inhaltsverzeichnis

Die Edle Suche

Originaltitel: Ariyapariyesana Sutta (MN 26)

Der Buddha und *Ananda* waren wieder auf ihren üblichen Wanderungen. Da es jedoch derzeit sehr heiß war und die beiden auch nicht mehr die Jüngsten, gingen sie, nachdem sie ihre Almosenrunde abgeschlossen hatten, zu einer Laien-anhängerin, es war die Mutter des Mönchs Migara, um diese zu besuchen. Als die heißeste Zeit des Tages vorbei war, brachen sie gemeinsam wieder auf. Auf der Straße angekommen, sagte der Buddha zu Ananda: „Das war ein gutes Gespräch, aber es war auch ein sehr heißer Tag, ich würde jetzt gern ein erfrischendes Bad nehmen, lass uns daher zum östlich von Savatthi gelegenen Badeplatz gehen." Freudig stimmte Ananda zu, denn die beiden waren ziemlich verschwitzt, und da ist es immer gut, ein erfrischendes Bad zu nehmen, wenn die Gluthitze des Tages beendet ist.

Gesagt, getan. Nachdem sich der Buddha und Ananda erfrischt hatten, aus dem Wasser gestiegen waren und sich mit einer ihrer Roben, die in kühlen Nächten als Decke, bei dieser Gelegenheit jedoch als Badetuch diente, abtrockneten, fragte der Buddha seinen Gefährten: „Was meinst du, Ananda, wie sollten wir diesen Tag ausklingen lassen?"

Ananda überlegte einen Augenblick, dann sagte er: „Hier ganz in der Nähe ist die Einsiedelei des *Brahmanen* Rammaka. Ich denke, es wäre ein Akt des Mitgefühls, Rammaka zu besuchen. Außerdem ist es ein sehr angenehmer Platz, lieblich gelegen." Anandas Verweis darauf, dass der Besuch ein Akt des Mitgefühls sei, zeigt auf, dass bei Rammaka irgendetwas nicht stimmte: entweder war er krank oder aber er war spirituell nicht ganz auf dem richtigen Wege, sodass er eine ihm angemessene Unterweisung benötigte.

Schweigend, wie das die Art des Buddha war, stimmte er dem Vorschlag seines Freundes zu und sie machten sich auf den Weg. Wenig später kamen sie an dem besagten Ort an, jedoch war Rammaka keineswegs allein, er befand sich in Begleitung mehrerer Mönche. Als sich Ananda und der Buddha näherten, hörten sie, dass die Mönche über den *Dharma* sprachen, so berichtet es der Palikanon. Der Buddha gab Ananda ein Zeichen, innezuhalten und das Haus noch nicht zu betreten. Vielmehr hörten sie zunächst einige Zeit unbemerkt zu. Ob dies ausschließlich deswegen war, um das Gespräch nicht zu stören, oder ob sich der Buddha ein Bild darüber machen wollte, was Rammaka und seine Besucher beschäftigte, was ihren Geist umtrieb, darüber mag sich jeder seine eigenen Gedanken machen.

Als der Buddha erkannte, dass die Erörterung zu Ende gekommen war, räusperte er sich und machte so auf sich aufmerksam. Freudig bat der Brahmane Rammaka den Buddha einzutreten.

„Guten Abend, **Bhikkhus**," sagte der Erhabene, „ich hoffe, ich störe euch nicht. Worüber habt ihr denn gerade gesprochen? Welche Erörterung habe ich denn gerade unterbrochen?"

„Ach, wir haben gerade über Euch gesprochen, Erhabener, und schon seid Ihr hier erschienen!"

Der Buddha, der diese Äußerungen vernahm, aber auch den tatsächlichen Verlauf der Unterredung gehört hatte, nahm dies zum Anlass über den Unterschied zwischen edler und weltlicher Suche zu sprechen: „Das ist recht von euch, Mönche. Wenn edle Mönche zusammentreffen, so sollten sie entweder den **Dharma** erörtern oder aber sich in noblem Schweigen üben, denn, liebe Mönche, es gibt zwei Arten der Suche: die Edle Suche und die unedle Suche. Die unedle Suche ist es, wenn einer, der Geburt, Alter, Krankheit und Tod unterworfen ist, das sucht, was auch Geburt, Alter, Krankheit und Tod unterworfen ist. Er ist selbst dem Kummer unterworfen und sucht weiterhin nach dem, was Kummer verursacht. Er ist selbst Befleckung unterworfen und sucht das, was zu weiterer Befleckung führt. Was ist aber das, was der Geburt unterworfen ist? Ehefrau und Kinder sind der Geburt unterworfen, Sklaven und Sklavinnen sind der Geburt unterworfen, Ziegen und Schafe, Geflügel und Schweine, Elefanten, Rinder, Pferde, Gold und Silber sind der Geburt unterworfen. Und genauso wie der Geburt ist auch all dies Alter und Verfall unterworfen, ist Quell von Kummer und Befleckung."

Sicher liegt man nicht allzu falsch, wenn man nun annimmt, dass der Buddha dies nicht ohne Grund sagte. Wir können wohl mit Fug und Recht annehmen, dass sich Rammaka und seine Freunde nicht wirklich ausschließlich über den Dharma unterhalten haben, sondern dass es wohl mehr um einen allgemeinen Plausch, genauer: um das ging, was der Buddha hier als unedle Suche bezeichnet. Allerdings tadelt der Buddha den Rammaka nicht direkt, sondern macht ihn auf diese Weise darauf aufmerksam, dass er wieder einmal in allzu weltliches Denken zurückgefallen ist. Folglich kommt nunmehr der Ratschlag, womit sich die Mönche besser beschäftigen sollten:

„Was andererseits ist die Edle Suche? Da ist jemand der Geburt unterworfen und sucht das, was nicht der Vergänglichkeit anheim fällt, etwas, das höchste Sicherheit bietet – und das ist das **Nibbana**. Er sucht nicht das, was Kummer und Befleckung verursacht, sondern das, was frei von Kummer und Befleckung ist."

Der Buddha, der sehr wohl weiß, dass Ermahnungen alleine nicht fruchten, verweist daraufhin auf sich selbst, auf den jungen *Siddhartha,* und darauf, was ihn selbst zum Erwachen, zur Erleuchtung, geführt hat:

„Wisst ihr, Bhikkhus, als ich noch ein junger Mann war, habe auch ich das gesucht, was Geburt, Alter, Krankheit und Tod unterworfen ist, was Kummer und Befleckung hervorruft. Dann jedoch fiel es mir wie Schuppen von den Augen: wie töricht ist es doch, dem nachzujagen, was Geburt, Alter, Krankheit und Tod unterworfen ist, was Kummer und Befleckung hervorruft! Wie viel weiser wäre es doch, wenn ich das suchte, was nicht zu Kummer und Befleckung führt! Das war der Grund, liebe Mönche, warum ich damals mein Haar abrasierte, mir die Mönchsrobe überstreifte und loszog, obwohl mein Vater und meine Mutter das nicht wünschten, sondern mit tränenüberströmtem Gesicht weinten.

„Ich ging auf die Suche nach dem *Nibbana* und praktizierte unter dem Meditationsmeister *Alara Kalama*, musste jedoch feststellen, dass diese Praxis nicht zum Nibbana führte. Dann ging ich zu *Uddaka Ramaputta*, der eine weitergehende Meditationspraxis lehrte, doch auch hier musste ich feststellen, dass auch diese nicht zur *Erleuchtung* führte. Und so verließ ich auch diesen Lehrer.

„Erst als ich mich schließlich in einem lieblichen Landstrich niederließ und mein Erkenntnisprozess, dass das, was der Geburt, dem Alter, der Krankheit, dem Tod, was Kummer und Befleckung unterworfen ist, keine Sicherheit bietet, inzwischen soweit herangereift war, dass ich in der Meditation das Nibbana verwirklichte, war mein Suchen am Ende. Ich erkannte, dass ich nunmehr von Verlangen, von Abneigung, von Verblendung, vom Wunsch, etwas zu werden oder nicht zu sein, vom Wunsch, *Ansichten* zu vertreten, endgültig gereinigt war. So verwirklichte ich das Nibbana und ging ein ins Reich der Freiheit.

„Zunächst scheute ich vor der Idee zurück, das, was ich da erfahren hatte, zu lehren, denn diese Lehre ist tiefgründig und schwer zu verstehen. Jedoch erschien mit **Brahma** *Sahampati* und bat mich, den **Dharma** zu lehren für diejenigen, die nur wenig Staub auf den Augen hatten.

„So tat ich es, und es gelang mir, die fünf Gefährten, mit denen ich einst strengste Askese praktizierte, zu überzeugen und auch sie erreichten das **Nibbana**. Seitdem ziehe ich durch die Welt und lege den Menschen, die nur wenig Staub auf den Augen haben, die Lehre dar, heute zum Beispiel euch."

Der Buddha hatte nun von seinem erfolgreichen spirituellen Bemühen berichtet und kommt schließlich auf das zurück, was Rammaka und seine Gesprächspartner – und sicher uns alle auch – umhertreibt, dass wir uns nämlich von der Suche nach sinnlichen Genüssen nur allzu leicht vom spirituellen Pfad weglocken lassen:

„Liebe Mönche, es gibt fünf Arten des Sinnenvergnügens, die euch an das **Rad des Werdens** fesseln, nämlich

- Formen, die das Auge erblickt,
- Klänge, die das Ohr vernimmt,
- Gerüche, die die Nase erspürt,
- Geschmäcker, die die Zunge erkennt und
- Berührungen, die eure Haut wahrnimmt.

Mönche, solange euch diese Dinge fesseln, seid ihr ebenso gefesselt, wie ein Hirsch, der sich in der Schlinge des Jägers verfangen hat. Ein weiser Hirsch jedoch erkennt die Schlingen des Jägers und er meidet die Gebiete, von denen er weiß, dass der Jäger dort Schlingen ausgelegt hat.

„Und ebenso wie ein weiser Hirsch diesen Fallen ausweicht, so auch wird ein weiser Mönch den Sinnesvergnügen nicht nachgeben; so kann er in die meditativen Vertiefungen eintreten. Natürlich wird **Mara**, der Böse, ihm weiter ebenso Fallen stellen, wie der Jägersmann dem Hirsch Schlingen legt, jedoch wird sich der weise Mönch ebenso verhalten wie der weise Hirsch. Und auf diese Art, werte Mönche, wird der Mönch für Mara unsichtbar. Er ist nicht mehr in Reichweite des Bösen."

Die Mönche waren glücklich und zufrieden über diese Worte des Erhabenen, berichtet der **Pali-Kanon** am Ende der Geschichte. Bleibt nur noch festzustellen: wenn es ihnen gelungen sein sollte, den Ratschlägen des Buddha zu folgen, haben sie sicher das **Erwachen** erreicht, das Nibbana.

Buddhas Soziallehre

Originaltitel: Singalovada Sutta - D 31

Der Buddha wanderte bereits seit vielen Jahren durchs Land. Zahlreiche Menschen kamen zu ihm mit Fragen, die sich darum drehten, wie sie richtig handeln sollten. Es war damals durchaus üblich, sich in Fragen der ethischen Lebensführung an große Weisheitslehrer wie den Buddha zu wenden. Dieser beschäftigte sich keineswegs nur mit Meditation, und er hielt absolut nichts von Spekulationen über das Jenseits, das Transzendente. Der Buddha war vielmehr für viele Menschen ein Lebensberater, wenn es darum ging, wie man richtig handeln sollte.

Erst kürzlich war ein angesehener Kaufmann zu ihm gekommen. Seine Einnahmen sprudelten reichlich, aber er war sich nicht sicher, wie er damit umgehen sollte: Vielleicht wäre es ange-messen, alles wegzugeben, so wie es der Buddha gemacht hatte, der auf allen materiellen Besitz verzichtet hatte. Der Buddha besaß nur drei Roben, also Tücher, die man als Kleidung verwendete; eine, die er als Leibwäsche direkt auf dem Körper trug, eine als Oberbekleidung und eine dritte, die man an kalten Tagen als eine Art Mantel tragen konnte, die jedoch auch in der Nacht als Decke und außerdem als Badetuch verwendet werden konnte. Ansonsten hatte er nur seine Bettelschale, ein Rasier-messer, eine Nähnadel und ein feines Sieb, um Wasser zu filtern, das er trinken wollte. Er besaß nicht einmal eine Zahnbürste. Er reinigte sich vielmehr die Zähne, indem er einen Zweig von einer bestimmten Strauchart verwendete. Diesen kaute er an einer Seite an, dass das Holz pinselartig zerfaserte, womit er sich alsdann die Zähne reinigen konnte. Diese Strauchart enthielt einen Saft, der in etwa die gleiche Wirkung hatte wie die heute übliche Zahnpasta. Der Buddha führte ein Leben in Stille, Schlichtheit, Genügsamkeit und im Einklang mit der Natur.

Dies war ein Leben, wie es für einen *Sadhu*, einen heiligen Mann, angemessen war. Aber für den Kaufmann war das schlicht unmöglich. Sollte er aber, so fragte der Kaufmann sich, einen Großteil seines Vermögens für Arme, Kranke, für heilige Männer und Frauen, für spirituell Suchende und für Tempel spenden oder den Göttern opfern? Und wenn ja, wie viel davon?

Der Buddha konnte diesem Mann helfen: „Lieber Kaufmann, du bist ein Haushälter, einer, der im Haus wohnt und eine Familie zu ernähren hat. Wenn deine Geschäfte gut laufen und einen erklecklichen Gewinn abwerfen, so wäre es nicht gut, wenn du auf alle Annehmlichkeiten verzichten solltest. Auch hast du eine Verpflichtung gegenüber deiner Familie, daher solltest du von deinem Gewinn etwa ein Drittel für deine Familie und dich verwenden.

Es ist aber ebenso wichtig, dass deine Geschäfte weiterhin gut laufen, auch hierfür hast du Geld aufzuwenden. Du solltest also etwa ein weiteres Drittel deines Gewinns für Investitionen verwenden. Dann bleibt immer noch ein Drittel übrig, mit dem du Gutes tun kannst, dies solltest du, je nachdem, was du für besonders förderungswürdig hältst, für Arme, Alte, Kranke, für Mönche und Nonnen, für Weisheitssuchende oder für andere wohltätige Projekte verwenden. Wenn du so deine Einnahmen drittelst, dann lebst du im Einklang mit deiner Familie und mit der Gesellschaft, und du giltst als einer, der für seinen Wandel gepriesen wird, außerdem gehst du so einer guten Wiedergeburt entgegen."

In dieser Weise bekam ein jeder, der den Buddha um Hilfe fragte, eine Antwort für die Lösung seiner Probleme. Mitunter bot der Buddha aber auch seine Hilfe und Beratung an, ohne darum gebeten worden zu sein, dann nämlich, wenn er sah, dass sein Rat nicht nur hilfreich, sondern auch willkommen ist, so z. B. bei seiner Begegnung mit dem jungen Singalaka, wovon ich jetzt berichten werde.

Der Buddha war damals wieder einmal in **Rajagaha**, der Hauptstadt von **Maghada**, wo er sich gern aufhielt. Er hatte, wie so oft, die Nacht im Bambushain verbracht, an der Stelle, wo die Leute oft in ihrer Freizeit hingingen, um die Eichhörnchen zu füttern. Nachdem er seine Morgentoilette und seine morgendliche Meditation beendet hatte, begab er sich mit seiner Bettelschale nach **Rajagaha**, wo er von Haus zu Haus gehen wollte, um sich sein Mittagessen zusammen zu sammeln. Manche Leute würden ihm eine Handvoll Reis geben, andere etwas Obst oder Gemüse oder von ihrem Eintopf, vielleicht bekam er auch etwas Brot - eben das, was die Leute entbehren konnten. Er würde keineswegs gezielt zu den Wohlhabenderen gehen, sondern überall hin. Zwar gab es bei den Reicheren das bessere Essen, aber das war nicht das Ziel des Buddha. Die Almosenspeise sollte dazu dienen, sein Leben zu erhalten und den Spendern gutes Karma zu machen, etwas das die Armen nicht weniger benötigten als die Reichen.

Doch schon bevor er nach Rajagaha kam, sah er etwas Seltsames: er erblickte nämlich Singalaka bei einer eigentümlichen Verrichtung. Singalaka, so muss man wissen, hatte Haus und Geschäft von seinem Vater geerbt, er hatte schon als Kind, so wie das damals üblich war, seinem Vater bei dessen Geschäften geholfen und hatte so allmählich alle kaufmännischen und praktischen Fähigkeiten erlernt, die für die Berufsausübung nötig waren. Jedoch war sein Vater früh gestorben, sodass er schon in jungen Jahren den Betrieb

15

übernehmen musste. Und dieser Singalaka kam jetzt mit hastigen Schritten aus Rajagaha und ging zu einer Wegkreuzung. Offensichtlich war er in Eile, denn seine Haare waren von der morgendlichen Wäsche noch nass und auch seine Kleidung war nach dem morgendlichen Bad im Fluss feucht, stellte der Buddha fest. Aber obwohl er in geschäftiger Eile zu sein schien, vollführte er an dieser Kreuzung merkwürdige Handlungen, es musste sich wohl um ein Ritual handeln. So kniete er nieder und vollführte Zeichen der Verehrung in Richtung Osten, wo die Sonne aufgegangen war. Dann wiederholte er das gleiche in südlicher, westlicher und nördlicher Richtung und schließlich vollzog er die gleichen Verehrungsgesten auch nach oben, gen Himmel, und nach unten zum Boden hin.

Dies schien dem Buddha ein ziemlich sinnloses Unterfangen zu sein. Der Erhabene hatte seine Schülerinnen und Schüler immer wieder ermahnt, Rituale nicht um ihrer selbst Willen zu machen, denn sinnentleerte Rituale haben keine andere Wirkung, als dass sie einem Zeit und Energie rauben, die man für Sinnvolleres verwenden kann. Also fragte er den Singalaka: „Sag mal, junger Mann, ich habe gerade gesehen, was du da gemacht hast, aber nicht verstanden, wozu es dienen soll?"

„Naja, verehrungswürdiger Mönch", sprach Singalaka den Buddha an, den er offensichtlich nicht kannte, „mein Vater, der mir sein Geschäft vererbt hat, ist vor nicht allzu langer Zeit verstorben. Ich habe bei ihm wirklich fast alles gelernt, was ich brauche. Aber auf dem Sterbebett hat er mir noch etwas aufgetragen, er sagte mir: ‚Die Himmelsrichtungen sollst du verehren, mein Sohn Singalaka, jeden Tag!', dann starb er. Seitdem mache ich das hier jeden Morgen, bevor ich ans Tagwerk gehe. Ich verneige mich gen Osten, Süden, Westen, Norden ebenso wie gen Himmel und nach unten, zum Nadir, mit Gesten der Ehrerbietung, so gut es mir eben möglich ist."

Vielleicht geht es euch, wenn ihr das lest, so wie mir, dass ihr denkt: wie bescheuert ist denn das? Und so einer soll einen Betrieb leiten? Der hat doch wohl ein Rad ab!

Anders der Buddha. Auch er sieht einen etwas orientierungslosen jungen Mann. Aber er sieht auch den guten Willen bei Singalaka, und er sieht den Eifer, mit dem er dieses sinnlose Ritual vollzieht und wie er sich darum bemüht, den letzten Willen des Vaters zu erfüllen, so gut er es eben vermag. Er sieht jemanden, der willig ist, das auszuführen, was ein Höherstehender, ein Weiser, ihm aufgetragen hat. Und der Buddha erkennt, dass man dieses sinnlose Ritual durch ein sinnvolles, zielgerichtetes Handeln ersetzen kann, das dieser Mann dann mit dem gleichen Elan, vielleicht sogar mit noch größerem Feuereifer vollziehen wird, dann nämlich, wenn er den Sinn versteht, und wenn dieses Handeln dann auch zu privatem und geschäftlichen Erfolg führt. Dazu muss er, der Buddha, eigentlich nur seine moralische Autorität als Mönch mit der des verstorbenen Vaters verbinden.

Daher sagte der Buddha: „Dein Vater hat völlig recht, dass er dir ans Herz gelegt hat, die Himmelsrichtungen zu verehren, das ist ein Brauch, den die Weisen üben. Aber du machst das nicht ganz richtig. Vermutlich wollte dein Vater es dir noch erklären, ist aber nicht mehr dazu gekommen."

Das leuchtete dem Singalaka ein, und er sah die Chance, jetzt vielleicht Hinweise zu bekommen, wie er möglicherweise doch noch das Vermächtnis des Vaters in angemessener Weise erfüllen kann. So fragte er: „Wisst Ihr denn, verehrungswürdiger Mönch, „wie man die sechs Himmelsrichtungen, Osten, Süden, Westen, Norden, den *Zenit* und den *Nadir*, in rechter Weise verehrt?"

„Durchaus," antwortete der Buddha, „mir ist das geläufig und wenn du willst, kann ich es dir erklären."

„Ja, bitte, das ist prima. Welch ein Segen, dass ich Euch getroffen habe, Euch schickt mir der Himmel!" freute sich Singalaka, der es plötzlich gar nicht mehr eilig hat.

„Zunächst einmal, Singalaka, musst du dir klar machen, wofür diese sechs Himmelsrichtungen stehen, was damit gemeint ist. - Der Osten, dort wo die Sonne aufgeht, steht für das, woher man kommt, du stammst von deinen Eltern ab, Singalaka, die sollst du verehren.

Dann kommen wir zum Süden, dort wo der Glanz der Sonne erstrahlt, der Sonne, die die Pflanzen wachsen und gedeihen lässt. Der Süden steht für deine Lehrer, die dir das Licht der Erkenntnis bringen, wodurch dein Wissen wächst und gedeiht, der Süden, Singalaka, steht für deine Lehrer.

Und ebenso wie der Osten für das Vergangene steht, für das, woher wir kommen, für unsere Eltern, so steht der Westen für das Zukünftige, der Westen steht für deine Kinder und für die Frau, die sie dir gebiert. Der Westen, Singalaka, steht für deine Kernfamilie.

Dann kommen wir zum Norden, mein Freund, der Norden steht für alle anderen dir wichtigen Personen, die sich auf gleicher Ebene mit dir befinden. Der Norden, Singalaka, steht für deine Freunde und Vertrauten.

Dementsprechend steht der *Nadir*, das Unten, für alle dir Untergebenen, für deine Diener und Arbeiter. Und der Zenit schließlich steht für alle, die dir über sind, die auf einer höheren Stufe stehen als du, die Sadhus, die Asketen und Brahmanen. Hierfür, Singalaka, stehen die sechs Himmelsrichtungen."

Interessanterweise – und vielleicht sogar überraschenderweise – nennt der Buddha bei den Höherstehenden auch die **Brahmanen**, also die Priester der **Hindureligion**, nicht aber die Mönche und Nonnen der buddhistischen **Sangha**. Wir sehen daran sehr deutlich, dass der Buddha hier gar nicht den Versuch unternimmt, den Singalaka zu bekehren. Er weiß, dass Singalaka der Hindureligion angehört und nennt daher dem Singalaka die Brahmanen, die der Buddha sonst ob ihrer hohlen Rituale kritisiert, als höherstehend. Der Buddha ist kein Missionar, er ist ein Weiser, der einem etwas verwirrten jungen Mann die ihm angemessene Lebenshilfe gibt. Der Buddha ist im Begriff, dem Singalaka eine Soziallehre für den Umgang mit Menschen, mit denen er zu tun hat, zu geben; ihm dem Singalaka, der so weltfremd erscheint. Und nachdem der Buddha nun die sechs Himmelsrichtungen mit Bedeutung gefüllt hat, kommt es nunmehr darauf an, dem Singalaka das richtige Sozialverhalten gegenüber diesen nahe zu bringen.

„Und nun, Singalaka, fragst du dich vielleicht, wie du diese sechs Richtungen verehren sollst. Die östliche Richtung, die Eltern, sollst du auf fünffache Weise verehren: (a) sie, die dich versorgten, als du jung warst, die umsorgst du, wenn sie alt sind; (b) sage dir: wo immer ich den hilfebedürftigen Eltern helfen kann, werde ich ihnen helfen; (c) den Familiennamen und damit die Familientradition werde ich fortführen; (d) sie, die mir ihr Eigentum vererbt haben, werde ich dadurch ehren, dass ich mich des Erbes würdig erweise und (e) wenn sie verstorben sind, werde ich Opfergaben für sie geben.

Und ebenso auch, Singalaka, sorgen sich die Eltern in fünffacher Weise um ihren Sohn: (1) sie halten ihn vom Üblen fern, (2) sie leiten ihn zum Guten an, (3) sie lassen ihm eine Ausbildung zukommen, (4) sie suchen ihm eine passende Frau, (5) sie übergeben das Erbe rechtzeitig."

Der Buddha erläutert in diesem Teil seiner Soziallehre die angemessenen Eltern-Kind-Beziehungen, die zu einer harmonischen Familie führen – unter den Bedingungen, die vor 2500 Jahren in Indien galten und von denen die meisten durchaus auch heute noch relevant sind. Für uns heutige Menschen erscheint die Suche nach der passenden Frau durch die Eltern allerdings merkwürdig, aber zur damaligen Zeit wurden die Ehen von den Eltern im Familieninteresse arrangiert. Von daher sollte unser Augenmerk nicht darauf liegen, <u>dass</u> sie ihm eine Frau suchten, denn das galt im alten Indien als selbstverständlich, sondern darauf, dass sie ihm eine <u>passende</u> Frau suchen, dass also auch die Bedürfnisse des Sohnes berücksichtigt werden und nicht nur die der Eltern und der Familienpolitik.

Wichtig erscheint mir auch, dass die Eltern an erster Stelle genannt werden, denn sie sind die wichtigste Beziehung, sie sind letztlich Teil von uns. Alles was wir sind, haben wir durch (1) Vererbung, (2) durch unsere Sozialisation sowie natürlich (3) durch unser karmisches Gepäck und (4) materiell natürlich durch das, was wir im Rahmen des Stoffwechsels aufgenommen haben. Unsere Sozialisation hängt im beträchtlichen Maße von unseren Eltern ab und unser genetisches Gepäck sogar vollständig, damit sind die Eltern (und deren Vorfahren) ein Teil von uns. Wenn wir diese nicht achten, wenn wir diese ablehnen, lehnen wir damit einen Teil von uns selbst ab. Wichtig ist also die Vorfahren anzunehmen und zu ehren: wir können niemals ein voll integriertes Wesen sein, wenn wir nicht mit diesem wichtigen Teil von uns im Reinen sind.

Alsdann fährt der Buddha fort, in dem er über die nächste Sozialisierungsinstanz spricht: „Und ebenso, Singalaka, soll der Schüler der südlichen Himmelsrichtung, seinen Lehrern in fünffacher Weise entgegenkommen, nämlich mit Respekt, Hilfsbereitschaft, Gehorsam, Einsatzfreude und indem er aufmerksam den Unterrichtsstoff studiert. Wenn sich der Schüler so verhält, dann sorgen auch die Lehrer in fünffacher Art für den Schüler: (1) sie bilden ihn praktisch aus, (2) sie machen ihm die Theorie verständlich, (3) sie sorgen für eine Verzahnung des theoretisch Erlernten mit der Praxis, (4) sie führen ihn bei Vertrauten ein und knüpfen so nützliche Beziehungen und schließlich (5) sorgen sie für seine Sicherheit."

Den letzten Punkt halte ich für bemerkenswert, da er so unspezifisch ist. Es geht hierbei auch um Sicherheit am Ausbildungsplatz, also um Unfallverhütung, aber unter Sicherheit kann noch viel mehr verstanden werden, zum Beispiel dass die Ausbildung arbeitsmarktorientiert ist, dass also das gelernt wird, was auf dem Arbeitsmarkt gefragt ist. Man könnte auch an Sicherheit vor sexuellen Übergriffen denken. Im Zusammenhang mit dem vorletzten Punkt, dem Einführen bei Vertrauten, kann man auch an Sicherheit durch das Knüpfen sozialer Netzwerke denken und an vieles andere mehr. Manchmal formuliert der Buddha durchaus so unspezifisch, dass wir eingeladen sind, uns Gedanken zu machen, was das konkret bedeuten kann.

Als nächstes kommt der Buddha auf die westliche Beziehung zu sprechen. Die hatte er oben definiert als „die Zukünftigen", die Kinder und die Ehefrau, die sie gebiert. Da er die richtige Eltern-Kind-Beziehung bereits beim Osten ausführlich erläutert hat, widmet er sich hier ganz der ehelichen Sozialbeziehung: „Und auch die westliche Himmelsrichtung, die Ehefrau, verehrt der weise Ehemann auf fünffache Weise. (a) Er bringt ihr Achtung entgegen, (b) er setzt sie nicht herab, (c) er hält ihr die Treue, (d) er überlässt ihr die Entscheidungen (!) und (e) er kauft ihr Schmuck und Kosmetikartikel. Eine ehrsame Ehefrau, die so behandelt wird, wird ihrem Ehemann ebenso in fünffacher Weise entgegenkommen: (1) sie organisiert den Haushalt, (2) sie leitet die Dienerschaft gut an, (3) sie hält ihm die Treue, (4) sie hütet den Familienbesitz und (5) sie erfüllt ihre Pflichten ebenso geschickt wie fleißig. Und auf diese Weise eben wird eine glückliche Ehe geführt."

Interessanterweise handelt es sich bei der Ehefrau keineswegs um das stille Hausmütterchen und auch nicht um die unemanzipierte Frau eines patriarchalischen Haushaltes. Sicher, es gibt eine klare Trennung zwischen dem, was Frauen tun, und dem, was Männern obliegt, was durchaus Sinn macht in einer Zeit kinderreicher Familien, in denen die Ehefrau fast immer entweder schwanger war oder gestillt hat. Andererseits begegnen sich die Ehepartner hier auf Augenhöhe: der Ehemann verdient das Einkommen, die Ehefrau führt den Haushalt. Dort aber herrscht sie, das sagt der Buddha ganz eindeutig: die Frau führt den Haushalt, das ist eine Führungsaufgabe; dort herrscht sie, in den Worten des Buddha: er überlässt ihr die Entscheidungen. Das heißt nicht, dass der Mann nicht gehört wird, selbstverständlich darf er seine Meinung zu allen anstehenden Entscheidungen, die das gemeinsame Eheleben betreffen, äußern, und eine weise Ehefrau wird dies auch nicht einfach vom Tisch wischen. Er wird angehört, aber die letztendliche Entscheidung trifft sie. Er ist der Herr in seinem Gewerbe: dort entscheidet er. Der Haushalt aber ist ihr Revier, und hier hat sie eben nicht nur Pflichten, sondern die Führung: sie leitet die Dienerschaft an, sie entscheidet.

Da der Ehemann jedoch durch seinen Beruf über das Familieneinkommen verfügt, vergisst der Buddha auch nicht zu erwähnen, dass er für die speziell weiblichen Bedürfnisse seiner Frau zu sorgen hat: der Ehemann kauft ihr Schmuck und Kosmetika. Und wieder wird deutlich: je besser sich beide Seiten an diese recht einfachen und eingängigen Verhaltensregeln halten, desto besser, desto harmonischer wird die Ehe. Und obwohl beide Seiten hier, wie auch in den anderen Sozialbeziehungen ihre Pflichten haben, macht der Buddha in jedem dieser Abschnitte deutlich, wer zuerst zu liefern habe. Er macht Singalaka klar, dass er diesen Dienst der „Verehrung" als erster zu vollziehen habe: „Eine Ehefrau, die so behandelt wird, wird ihrem Ehemann ebenso in fünffacher Weise entgegenkommen." Das ist nichts anderes als die Anwendung des Karmagesetzes (Handlungen haben Folgen) auf soziale Beziehungen - oder wie meine Mutter zu sagen pflegte: wie man in den Wald ruft, so schallt es heraus.

Hinsichtlich des Nordens führte der Buddha alsdann aus: „Auf fünffache Weise soll der Sohn aus gutem Hause der nördlichen Himmelsrichtung, den Freunden und Vertrauten, Verehrung entgegen bringen, ihnen entgegen kommen: (a) mit Gaben, (b) mit freundlichen Worten, (c) zu ihrem Nutzen, (d) indem er im Anderen sich selbst sieht, (e) indem er Versprechen ausnahmslos einhält. Wer sich so verhält, der erhält auch fünffachen Schutz und Hilfe von seinen Freunden: (1) den Nachlässigen schützen sie, (2) des Nachlässigen Eigentum schützen sie, (3) dem Furchtsamen geben sie eine Zuflucht, (4) sie stehen einem in der Not bei und (5) im Todesfall kümmern sie sich um die Hinterbliebenen."

Der Buddha sagt also: sei in jeder Situation ein verlässlicher Freund, dann werden deine guten Freunde auch dir beistehen. Besonders schön finde ich dabei die Stelle, indem der Buddha dem Singalaka rät, sich im Anderen selbst zu sehen. Das bedeutet so etwas wie einen Perspektivwechsel zu machen: betrachte deinen Freund nicht mit deinen Augen, sondern mit seinen. Er hat eine etwas andere Sozialisation, eine andere genetische Disposition und ein anderes karmisches Gepäck als du. Versuche sein Denken und Handeln zu verstehen, indem du dich in ihn herein versetzt. Das sollten wir zwar am besten mit jedem und jeder anderen Person auch tun, aber bei Freunden ist es besonders wichtig und auch einfacher: du kennst diese Person schlichtweg besser.

Dann kommt der Buddha auf die hierarchisch tiefer stehenden zu sprechen. „Und auch deinen Dienern und Arbeitern solltest du in fünffacher Art Verehrung entgegenbringen (a) teile die Arbeiten entsprechend ihren Fähigkeiten ein, (b) gib ihnen Speise und Lohn, (c) hilf den Kranken, (d) sorge für Ruhezeiten und (e) wenn du außergewöhnliche Annehmlichkeiten hast, so lasse sie mitgenießen. Die so behandelten Bediensteten werden es dir alsdann ihrerseits in fünffacher Weise danken: sie stehen vor dem Herrn auf und gehen nach ihm schlafen, sie nehmen nur Gegebenes, sie verrichten ihre Arbeit ordentlich und sie tragen zu deinem Ansehen bei."

Auch hier appelliert der Buddha an die soziale Verantwortung: die Arbeiten entsprechend den Fähigkeiten einzuteilen, bedeutet schlichtweg, dass man erst einmal den Arbeiter als Individuum betrachtet, ihn kennen lernt. Dem Kranken zu helfen ist in einer Zeit, in der es keine Krankenversicherung gibt, eine besondere soziale Verantwortung des Arbeitgebers gegenüber seinen Arbeitnehmern. Und die Aufforderung, sie an Annehmlichkeiten teilhaben zu lassen dient nicht nur dem sozialen Frieden und führt dazu, dass diese sich loyal verhalten. Wenn man das zu Ende denkt, so sind die außergewöhnlichen Annehmlichkeiten in einem Privatunternehmen steigende Gewinne; hier wird also dezent sogar eine Gewinnbeteiligung der Belegschaft angesprochen.

Und dann kommt der Buddha zum letzten Abschnitt, den spirituell Höherstehenden: „Und schließlich soll ein Sohn aus gutem Hause die Asketen und Brahmanen verehren: (a) mit wohlwollenden Handeln, (b) mit wohlwollendem Reden, (c) mit wohlwollenden Gedanken, (d) mit einer offenen Tür, (e) mit Spenden für den Lebensbedarf. Wenn man den Asketen und Brahmanen so entgegenkommt, so sorgen sie auf sechsfache Weise für den Sohn aus gutem Hause: sie halten ihm vom Üblen ab, sie führen ihn zum Guten hin, aus guter Gesinnung sorgen sie für ihn, Nichtgehörtes sagen sie ihm, Gehörtes stellen sie richtig, den Weg zum Himmel zeigen sie ihm. Und eben auf diese Art ist für den Sohn aus gutem Hause die Richtung nach oben vorgegeben – und das ist sicher."

Mit diesem letzten Abschnitt machte der Buddha deutlich, dass wirkliche Weise mehr geben, als sie erhalten. Nur hier werden die fünffachen Arten des Gebens, durch eine sechste ersetzt: wahre Weisheitslehrer zeigen den Weg zum Himmel, was an dieser Stelle ´zum Überweltlichen´ bedeutet. Gleichzeitig muss dem Singalaka hier klar geworden sein, was die eigene Brahmanenkaste nicht zu leisten im Stande war.

Daher war Singalaka über die Maßen angetan von dieser Rede. Und gerade beim letzten Punkt, der Verehrung des Zenits, dem Verhalten gegenüber den spirituell Höherstehenden wurde Singalaka klar, dass er es mit einem großen Weisheitslehrer zu tun hatte. Unter „hören" bzw. „Gehörtem" verstand man damals spirituelle Lehren. Der Punkt „Gehörtes stellen sie richtig" war das, was der Buddha gerade praktiziert hatte. Singalaka hatte von seinem sterbenden Vater gehört, er solle die sechs Himmelsrichtungen verehren, hatte dies aber nicht verstanden oder fehlinterpretiert und daher dieses unsinnige Ritual an der Wegkreuzung vollzogen. Der Buddha hatte dieses Gehörte richtig gestellt. Und so verlangte es den Singalaka auch nach dem anderen Punkte, der so ähnlich klang: Nichtgehörtes sagen sie ihm. Er wollte noch mehr von der guten Lehre, vom **Buddha-Dharma** hören. Und der Buddha kam diesem Wunsche nach.

Der Buddha erzählte ihm allerdings nichts Theoretisches vom **Abhängigen Entstehen**, nichts von den **Vier Edlen Wahrheiten** und nichts vom **Edlen Achtfältigen Pfad**, er sprach nicht von **Erwachen** und nicht von **Nirwana** und erst recht nicht von der **Anatta**-Lehre. Der Buddha sprach nur über Ethik, er

25

verwendete allerdings auch keine Worte wie „Ethik", er sprach nur davon, welches Verhalten gut ist und welches schlecht. Er verwendete allerdings auch nicht die Begriffe „gut" und „schlecht", sondern „hilfreich" und „nicht hilfreich". So erläuterte er Handlungsoptionen und zeigte die Konsequenzen dieser Handlungsoptionen auf. Damit sprach er letztendlich doch über Abhängiges Entstehen und über *Karma*, auch wenn er diese Begriffe nicht verwendete. Singalaka war ein Mann aus gutem Hause, einer, dem man mit tatsächlichen Situationen erreichen kann, nicht mit Konzepten. Er war ein praktisch Bildbarer, er war einer derjenigen, die arm im Geiste waren, und der Buddha wies ihm den Weg ins Himmelsreich.

Nach diesen Darlegungen des Buddha war Singalaka so begeistert, dass er ausrief: „Wunderbar habt Ihr die gute Lehre dargestellt, es ist, als sei die Sonne aufgegangen und habe Licht ins Dunkel der Nacht gebracht. So nehme ich, Verehrungswürdiger, Zuflucht zum Erhabenen, zu seiner Lehre und zur Mönchsgemeinde. Möge mich der Erhabene als Laienanhänger annehmen!"

Furcht und Schrecken

Originaltitel: Bhayabherava Sutta (MN 4)

*Wenn wir uns vergegenwärtigen, dass der Buddha in der freien Natur lebte, unter Bäumen schlief, im Dschungel meditierte und keinerlei Besitz hatte als drei Stück Stoff, eine Bettelschale, eine Nadel, ein Filtersieb und ein Rasiermesser, dann schaudert es uns: so wollten wir nicht leben. Dennoch hat es immer wieder Menschen oder Gruppen gegeben, die sich dem Ruf „Zurück zur Natur" verschrieben haben. In Deutschland war dies z. B. die Wandervogelbewegung, in Großbritannien entstand die Pfadfinderbewegung und in Amerika waren das z. B. die Anhänger **Thoreaus**, des Autors von „Walden", vom Leben in den Wäldern.*

*Aber auch spirituelle Sucher aller Zeit folgten dem Ruf zur Einfachheit. Zu Buddhas Zeiten gab es Zigtausende von **Sramaneras**, die auf der spirituellen Suche in die **Hauslosigkeit** gegangen waren, und bis heute tun dies viele Inder. In Griechenland ist **Diogenes** dafür bekannt, in Israel Jesus von Nazareth und seine Jünger und auch in der christlichen Tradition folgten dem Ruf zur Einfachheit, zu den Ursprüngen immer wieder Einzelne, denen ganze Gruppen, Orden oder Sekten folgten, man denke nur an Franz von Assisi oder Petrus Valdes und seine **Waldenser** („Arme von Lyon").*

*Buddhaschaft, Vollkommenheit, erreicht man dann, wenn man drei Dinge nicht nur vollständig versteht, sondern sie auch so empfindet und von ihrer Wirklichkeit durchdrungen ist. Diese Dinge – oder Erkenntnisse – sind **dukkha**, die Tatsache, dass nichts Entstandenes jemals völlig zufriedenstellend sein kann, **anicca**, Vergänglichkeit, und **anatta**, Nicht-Ich. Das letztere ist* gewissermaßen das Alleinstellungsmerkmal des Buddhismus. Anatta bedeutet, dass es kein unabhängiges, selbstständiges unveränderliches Ich gibt. Es bedeutet auch, das statistische Individuum nicht in erster Linie als Individuum zu sehen, sondern auch und vor allem als Teil eines Ganzen, mit dem es im ständigen Austausch steht; wir stehen untereinander im sozialen Austausch und mit der Natur im Austausch über Stoffwechsel und Energiehaushalt.

Wenn es also kein fixes Ich gibt, dann sind auch die daraus abgeleiteten Begriffe „mir" und „mein" falsch und bringen uns im Widerspruch mit unserem Umfeld. „Seht die Vögel unter dem Himmel an: sie säen nicht, sie ernten nicht, sie sammeln nicht in die Scheunen; und euer himmlischer Vater ernährt sie doch," soll Jesus nach Matt. 6:26 gesagt haben. Einmal davon abgesehen, dass die Natur hier gemäß der jüdischen Religion als „himmlischer Vater" bezeichnet wird, so wird darauf aufmerksam gemacht, wie alle Wesen natürlich leben: ohne Annexion von Privateigentum. Das, was die modernen Gesell-schaften der letzten 5000 Jahre ausmacht, ist jedoch die Annexion von Privateigentum, insbesondere die ursprüngliche Annexion von Land, die Landnahme.

Schon vor seiner Erleuchtung erkannte der Buddha diesen Zusammenhang und stieg aus dieser Annexionsgesellschaft aus. Er respektierte zwar das Eigentum der „Besitzer", lebte aber das Gegenmodell der Besitzlosigkeit ebenso wie die Vögel des Himmels und die Tiere des Dschungels. Manche folgten ihm, die Mehrheit aber blieb entweder skeptisch oder distanziert. Manche jedoch kamen wirklich zum Buddha und gestanden ihm: Ich könnte das nicht, warum macht man das? Der Buddha erläuterte daraufhin, was die Voraussetzungen für ein solches Leben sind, wie man übt, welche Erreichungen man dadurch hat und erinnerte letztlich auch an die Verantwortung kommenden Generationen gegenüber.

So kam auch eines Tages, als der Buddha wieder einmal im **Jeta-Hain** bei **Savatthi** lagerte, in jenem Park, den der Kaufmann **Anathapindika** dem Privateigentum entzogen und extra für die Mönche angelegt hatte, Janussoni zu ihm, weil er sich darüber gewundert hatte, dass der Buddha und seine Mönche in der Wildnis, im Dschungel lebten. Er begrüßte den Buddha freundlich, setzte sich seitlich nieder und richtete seine Fragen an den Buddha: "Meister Gotama, ich habe gehört, dass Ihr im Dschungeldickicht im Wald übt und auch Eure Mönche ermuntert, dergleichen zu tun."

Der Buddha bestätigte dies: "Da habt Ihr richtig gehört, das tue ich."

Janussoni gab zu bedenken: „Aber Meister Gotama, solche entlegenen Lagerstätten im Wald und im Dschungeldickicht sind doch gefährlich, Einsamkeit ist schwer zu ertragen, sodass man sich an ihr nicht erfreuen kann. Also, wenn ich dort wäre, ich würde wahnsinnig!"

Darauf der Buddha: "Du hast recht, Janussoni, auch ich dachte damals, als ich noch nicht erwacht war: der Dschungel muss einem unkonzentrierten Mönch doch den Verstand rauben! Ja, es ist so, wenn jemand sein körperliches, sprachliches und geistiges Verhalten nicht geläutert hat, dann entstehen Furcht und Schrecken. Da ich jedoch mit Fug und Recht sagen konnte, dass ich mein ethisches Verhalten, sowohl was das Handeln, als auch das Reden und selbst das Denken angeht, völlig geläutert habe und da auch meine Lebensweise völlig lauter ist, brauche ich mir da keine Sorgen zu machen.

Und dann überlegte ich weiter: was ist es denn außer dem Mangel an ethischem Verhalten noch, was diese Furcht erzeugt? Und ich erkannte, dass Begierde, gehässige Absichten, Trägheit und Mattigkeit, Zweifel aber auch rastlose Unruhe die Ursache von Furcht und Schrecken sind. Und da konnte ich feststellen, ich bin nicht nur durch meine Ethik geläutert, ich habe auch durch die Meditation Begierde, gehässige Absichten, Trägheit und Mattigkeit sowie rastlose Unruhe überwunden und ich bin auch völlig frei vom Zweifel am Dharma.

Und dann fragte ich mich: gibt es weitere Ursachen, die Furcht und Schrecken erzeugen können, was konnte ich hierzu bei anderen beobachten? Da habe ich gesehen, dass diejenigen spirituell Praktizierenden, die zu Eigenlob und Herabwürdigung anderer neigen oder diejenigen, die reinste Angsthasen sind, von Furcht und Schrecken gepeinigt werden. Da ich aber weder ein Angsthase bin noch mich selbst erhöhe und die anderen erniedrige, habe ich dieses Problem nicht.

Dennoch habe ich weiter gesucht, welche Praktizierenden evtl. auch noch von Furcht und Schrecken gepeinigt werden. Und so forschte ich weiter und erkannte: Leute, die immer nur nach Gewinn, Ehre und Ruhm trachten, fürchten, dass dieser ausbleibt. Da ich danach jedoch nicht trachte, habe ich auch in dieser Hinsicht kein Problem. Und ich konnte noch einige Fehlleistungen bei Asketen ausmachen, die Ursache für deren Furcht waren, nämlich Faulheit, Unachtsamkeit, Unkonzentriertheit, Schwatzhaftigkeit und Dummheit. Da ich selbst jedoch fleißig, achtsam, konzentriert und nicht geschwätzig, sondern weise bin, habe ich auch insoweit kein Problem.

Und dann sagte ich mir: gehe deine Übung noch etwas herausfordernder an. Begib dich bei Nacht an Plätze, die mit Grauen assoziiert werden, also beispielsweise an einsame *Leichenplätze* in den Wald. Und dann sagte ich mir: was, wenn jetzt doch Furcht und Schrecken kommen? Ich überlegte aber noch ein wenig weiter und fragte mich: Warum erwarte ich denn eigentlich Angst und Furcht? Und ich legte mir entsprechende Übungen der Nichtreaktivität auf, also: wenn ich irgendwo ging und empfand Angst, dann ging ich einfach weiter und wartete, was jetzt geschehen mag. Und wenn ich irgendwo saß und empfand Angst, dann blieb ich sitzen und sagte mir: schau doch mal, was jetzt passiert. Wenn ich mich zum Schlafen niedergelegt hatte und die Angst versuchte mich zu ergreifen, so sagte ich mir ebenfalls: schau doch einfach mal, was jetzt geschieht.

Ergebnis dieser Übung war, dass ich erkannte, dass Angst bei Tag allein schon durch den erfolgreichen Wandel auf dem Dreifachen Pfad aus Ethik, Meditation und Weisheit überwunden werden können, dass aber bei Dunkelheit auch beim so Geläuterten Ängste hochkommen. Und ich stellte fest: dann ist das eben so - und begann zu meditieren.

Ich wandte mich dem Meditationsobjekt zu und Verzückung und Glückseligkeit stiegen in mir auf, so geriet ich in meditative Vertiefung. Allmählich ließen diese emotionalen Aufwallungen nach und in mir stieg Gleichmut auf. So gefestigt konnte ich mich an frühere Leben erinnern. Alsbald konnte ich auch erkennen, wie die Wesen in Abhängigkeit von ihren Handlungen Erfolg oder Leid erleben, in diesem Leben wie auch in den nächsten. Ich bekam Einsicht in *dukkha* und darin, wie man *dukkha* überwindet. Ich sah, wie die Triebe entstehen, der Trieb nach sinnlichem Vergnügen, nach Dasein und der Trieb nach Unwissenheit – und ich erkannte, dass ich diesen Trieben nicht mehr unterliege. Und so stellte ich fest, dass ich befreit bin.

Mein lieber Janussoni, möglicherweise denkst du: der Mönch Gotama kann nicht befreit sein, das gibt es nicht.

Aber so solltest du nicht denken. Weil ich zweierlei Nutzen darin sehe, geschieht es, dass ich mich immer noch an entlegene Lagerstätten im Dschungeldickicht im Wald zurückziehe: Ich sehe darin einen angenehmen Aufenthaltsort für mich, hier und jetzt, und ich habe Mitgefühl für künftige Generationen.

(Anmerkung; der in spezieller Schrift geschriebene Abschnitt ist wörtlich aus **Mettiko Bhikkkhus** Übersetzung der **Majjhima Nikaya** übernommen.)

Janussoni war begeistert von der Rede des Buddha und nahm daraufhin Zuflucht zu Buddha, **Dharma** und **Sangha**.

Zwei Arten von Gedanken

Originaltitel: Dvedhavitakka Sutta (MN 19)

Wieder einmal verbrachte der Buddha die Zeit im *Jeta-Hain*, dort wo der Kaufmann *Anathapindika* der *Sangha* des Buddha ein Lager für die Regenzeit eingerichtet hatte. Während der Regenzeit zogen die buddhistischen Mönche nicht umher, sondern versammelten sich zu einem Retreat, einem Rückzug mit Meditation, einer Lehrrede täglich und Gesprächen über das Thema dieser Lehrrede.

Und weil an diesem Tag der Buddha selbst den Vortrag hielt, und dieser dann in den Pali-Kanon und dort in die Sammlung der *Majjhima Nikaya* Eingang fand, können wir auch heute noch diesen Vortrag nachlesen, darüber reflektieren, darüber sprechen und – am wichtigsten – unser Verhalten danach ausrichten.

Der Buddha sagte:

Ihr Mönche, bevor ich erwacht war, kam mir der Gedanke, ich könnte die Gedanken doch eigentlichen in Gruppen einteilen. Also auf der einen Seite sind da alle Gedanken, die sich mit sinnlichem Verlangen, mit Grausamkeit und mit Gehässigkeit beschäftigen und auf der anderen Seite alle diejenigen Gedanken, die sich mit Genügsamkeit, mit Offenheit und Freundlichkeit beschäftigen.

Und wenn dann dennoch wieder ein Gedanke aufstieg, der sinnliche Begierde beinhaltete, dann sagte ich mir: wenn ich diesen Gedanken verfolge, dann führt das zum Leid für mich und es führt auch zum Leid für Dritte, also zum Leid für beide Seiten. Weisheit nimmt dadurch nicht zu, sondern ab. Dieser Gedanke führt weiterhin zu Schwierigkeiten und ist außerdem für die Erreichung des großen Zieles, **Nirwahn**, kontraproduktiv.

Und wenn wieder einmal ein Gedanke aufstieg, der Gehässigkeit beinhaltete, dann sagte ich mir: wenn ich diesen Gedanken verfolge, dann führt das zum Leid für mich und es führt auch zum Leid für Dritte, also zum Leid für beide Seiten. Weisheit nimmt dadurch nicht zu, sondern ab. Dieser Gedanke führt zu Schwierigkeiten und er ist für die Erreichung des großen Zieles, Nirwahn, kontraproduktiv. Und genau das gleiche gilt für einen Gedanken, in dem Grausamkeit eine Rolle spielte.

Ihr Mönche, so viel sollte uns allen ganz klar sein: worüber auch immer man nachdenkt und nachsinnt, worauf immer man geistige Aktivität richtet, dahin richtet sich der Geist aus, das wird zur Gemütsneigung werden, so entstehen Gewohnheiten, so entstehen Verhaltensmuster.

Ihr Bhikkhus, worüber auch immer jemand häufig nachdenkt und nachsinnt, das wird seine Gemütsneigung werden!

Wenn sich aber andererseits ein Gedanke, der sich mit Genügsamkeit befasste, aufstieg, so erkannte ich: dieser Gedanke, der sich mit Stille, Schlichtheit und Genügsamkeit befasst, führt nicht dazu, dass ich leide, er führt auch nicht dazu, dass Dritte leiden, er ist also vorteilhaft für mich und für andere; es ist weise so zu handeln, dadurch treten keine Schwierigkeiten auf, und obendrein dient er noch dazu, dem Nirwahn näher zu kommen. Wenn ich aber andererseits zu intensiv darüber nachdenke und brüte, dann ermüdet dies meinen Körper, es überanstrengt mein Herz und schadet meiner Sammlung. Also nahm ich vom übermaßigen **Brüten** Abstand.

Und auch wenn ein Gedanke der Liebe, der Freundlichkeit in mir aufstieg, dann wusste ich ebenso: dieser Gedanke, der sich mit Freundlichkeit, mit Liebe, mit Unterstützung befasst, führt nicht dazu, dass ich leide, er führt auch nicht dazu, dass Dritte leiden, dieser Gedanke ist also vorteilhaft für mich und auch für andere; es ist ausgesprochen weise so zu handeln, dadurch treten keinerlei Schwierigkeiten auf, und obendrein dient er noch dazu, dem **Nirwahn** näher zu kommen. Wenn ich jetzt aber allzu intensiv darüber nachdenke und brüte, dann ermüdet dies meinen Körper, es überanstrengt mein Herz und schadet auch meiner Sammlung. Also nahm ich vom übermäßigen **Brüten** Abstand. So einfach war das, ihr Mönche!

Ihr Mönche, worüber auch immer jemand häufig nachdenkt und nachsinnt, das wird seine Gemütsneigung werden! Daher ist es hilfreich sich oft mit dem Gedanken an Entsagung und Freundlichkeit zu beschäftigen.

Worüber auch immer man nachdenkt und nachsinnt, worauf immer man geistige Aktivität richtet, dahin richtet sich der Geist aus, das wird zur Gemütsneigung werden, so entstehen Gewohnheiten, so entstehen Verhaltensmuster. Daher ist es hilfreich, sich nicht allzu intensiv, dafür aber häufiger, immer öfter, mit den Gedanken von Freundlichkeit, Liebe und Unterstützung für andere zu beschäftigen.

Und daraus zog ich die Lehre, dass es gut ist, darauf zu achten, dass diese Geisteszustände anwesend sind.

Und in dem Maße, wie es mir gelang, das umzusetzen, erlangte ich unerschöpfliche Energie und ununterbrochene Achtsamkeit. Auch mein Körper wurde ruhig und unbeschwert, mein Herz war gesammelt, mein Geist konzentriert.

So, und nur so, war es mir möglich durch anfängliche und auch durch anhaltende Hinwendung des Geistes die **erste meditative Vertiefung** zu erreichen. Es war wunderbar, ich saß und verweilte im Zustand der Verzückung und der Glückseligkeit.

Allmählich versiegte dann die anfängliche und auch die anhaltende Hinwendung des Geistes und so trat ich in die **zweite meditativen Vertiefung** ein und saß weiter im Zustand der Verzückung und der Glückseligkeit.

Allmählich verblasste dann diese überschäumende Verzückung, es stieg allmählich Gleichmut auf, und so saß ich da eine ganze Weile glückselig, achtsam und mit Gleichmut in der **dritten meditativen Vertiefung.**

Und allmählich ließ ich so die Empfindung von Glück und natürlich auch seinem Gegenteil, von Schmerz hinter mir und in dieser **vierten meditativen Vertiefungsphase** war ich einfach nur noch achtsam und voller Gleichmut.

Auf diese Art hatte ich mein beruhigtes Herz und meinen gesammelten Geist geläutert, ich war völlig klar und makellos – und siehe da, ich konnte mich nunmehr an viele frühere Leben erinnern. Dieses Wissen stieg mir während der ersten **Nachtwache** damals in der Nacht meiner Erleuchtung auf.

Ich saß noch immer mit beruhigtem Herzen und gesammeltem Geist, der klar war und makellos, da, und nunmehr war es mir möglich, mit dem **himmlischen Auge** zu sehen, wie die Wesen sterben und wieder erscheinen, und zwar sowohl hohe als auch niedrige, manche schön, andere hässlich, Wesen im Glück und Wesen im Elend. Auf dies Art verstand ich, wie die Wesen in Abhängigkeit von ihren Handlungen mit Körper, Rede und Geist weiterwandern von Leben zu Leben. Dies war das zweite Wissen, das mir während der zweiten Nachtwache aufstieg.

Noch immer saß ich mit beruhigtem Herzen und gesammeltem Geist, ganz klar und makellos, da. Nunmehr erkannte ich: das ist *dukkha*, dies ist der Ursprung von *dukkha*, jenes ist das Aufhören von *dukkha* und schließlich auch, was der Pfad ist, der zum Aufhören von *dukkha* führt. Dieses dritte Wissen stieg mir während der dritten Nachtwache auf. Auf diese Weise war Unwissenheit vertrieben und wahres Wissen war erlangt. Ich hatte die **Vier Edlen Wahrheiten** entdeckt!

Und nunmehr, liebe Mönche, habe ich aus Mitgefühl für euch das getan, was ein Lehrer, dem am Wohlergehen und am Erfolg seiner Schüler gelegen ist, tun kann. Der Pfad ist aufgezeigt, liebe Mönche, gehen müsst ihr ihn nun selbst. Die Regenzeit hat begonnen, ihr habt rund drei Monate Zeit. Dort sind Bäume, unter denen ihr bei Sonnenschein im Schatten sitzen könnt und da sind auch Hütten, in denen ihr Schutz vor den Regengüssen des Monsuns findet. Übt euren Geist, meditiert, seid nicht nachlässig – auf dass sich allmählich, Schritt für Schritt, der Erfolg einstellt.

Tabelle 1

In der Meditation können verschiedene Vertiefungszustände (*jhana*) erreicht werden. Diese Tabelle stellt die jhanas dar, und zeigt, welche Faktoren dabei anwesend sind.

Der untere Teil stellt die arupa jhanas (= unkörperliche Vertiefungen) dar, die für die meisten Meditierenden unereichbar sind.

Jhana	Anwesende Vertiefungfaktoren in den rupa jhanas (=1-4)					
	vitakka Gedanken-Fassung	vicara diskursives Denken	piti Verzückung	sukha Glückseligkeit	citt`ekagatta einspitzige Konzentration	upekkha Gleichmut
1	ja	ja	ja	ja	ja	nein
2	nein	nein	ja	ja	ja	nein
3	nein	nein	nein	ja	ja	nein
4	nein	nein	nein	nein	ja	ja

	arupa jhanas	feinkörperliche Vertiefungen
5	akasanan cayatana	Raumunendlichkeitsgebiet
6	vinnanan cayatana	Bewusstseinsunendlichkeitsgebiet
7	akincannayatana	Nichtsheitsgebiet
8	Nevasanna n ´asannayatana	Gebiet der Weder-Wahrnehmung-noch-Nichtwahrnehmung

Körperachtsamkeit

Originaltitel: Kayagatasati Sutta - MN 119

Während der Regenzeit pflegten der Buddha, die Mönche und die Nonnen nicht umherzuwandern, dazu waren die Straßenverhältnisse einfach nicht gut genug. Außerdem war es schwierig einen geeigneten Schlafplatz zu finden. Es ist zwar nicht so, dass es in der Regenzeit dauernd regnete, aber während dieser drei Monate kam es doch fast täglich zu Regengüssen - teilweise sehr heftigen. Daher suchten sich die Mönche und Nonnen für diese Zeit einen geeigneten Schlafplatz, sei es in einer Höhle oder einem sonstigen Unterstand, oder sie bauten sich eine einfache Hütte aus herumliegenden Holz und Zweigen und bedeckten dies mit dem, was sie fanden. Auf diese Art entstanden Laubhütten. Natürlich konnten sie dazu nicht auf landwirtschaftliche Flächen zugreifen, denn diese waren inzwischen Privateigentum und mussten gerade in der Regenzeit zum Anbau von Reis, Getreide oder Gemüse verwendet werden.

An einigen Stellen in Waldlichtungen oder Hainen entstanden so zur Regenzeit kleine Laubhüttensiedlungen. Der reiche Kaufmann **Anathapindika** aus Savatthi hatte dem Prinzen Jeta einmal für sehr viel Gold einen Hain abgekauft, den er dem Buddha und seinen Mönchen für solche Laubhütten zur Verfügung stellte. Hier hielten sich während der Regenzeit immer viele Mönche auf, und es war auch in vielen Jahren der Ort, wohin sich der Buddha zurückzog. Natürlich hatten hier keine Nonnen Zutritt, denn der Mönchsorden war vom

Nonnenorden streng getrennt, was sicher die Einhaltung eines zölibatären Lebens begünstigte.

Man kann sagen, dass aus diesen Regenzeitzusammenkünften das entstanden ist, was man heute Retreat nennt. So meditierten die Mönche in Anathapindikas Mönchsherberge im *Jeta-Hain* gemeinsam, hörten Vorträge, reflektierten darüber, besprachen diese Vorträge und unternahmen Übungen, um das Gehörte in ihre Praxis einzubauen.

Besonders beliebt war es natürlich, wenn der Buddha selbst einen Vortrag hielt. An diesem speziellen Tage, von dem hier berichtet wird, war es etwas anders. Eine Gruppe von Mönchen hatte sich zusammengesetzt und erörterte, wie man eine bestimmte buddhistische Meditationstechnik durchführen solle, nämlich die Körperbetrachtung. Der Buddha und sein Sekretär und Freund *Ananda* kamen gerade auf einem Rundgang bei ihnen vorbei und der Erhabene erkundigte sich, worüber sie sich unterhielten. Nachdem er von ihnen informiert worden war, nahm der Buddha dies zum Anlass, sich grundsätzlich zum Thema Körperbetrachtung einzulassen, er erläuterte den *Bhikkhus* die verschiedenen Arten und Methoden dieser Meditation. Ananda, der ein phänomenales Gedächtnis hatte, hat später davon berichtet und auf diese Weise hat dieser spontane Vortrag des Buddha Eingang in den *Pali-Kanon* gefunden, und zwar in die Sammlung seiner *mittellangen Lehrreden*. Lesen wir daher, was der Buddha den Mönchen damals, vor mehr als zweieinhalb Jahrtausenden (sinngemäß) sagte:

Liebe Freunde, man kann die Körperbetrachtung auf unterschiedliche Weise machen. Die erste und am weitesten verbreitete **Methode ist die Atembetrachtung**. Ich will hier nur auf die grundlegende Methode der Atembetrachtung eingehen. In dieser Meditationstechnik gibt es vier Phasen. In der ersten

Phase atmet man für einige Minuten lang ein und lang aus und betrachtet den Atem dabei. Mit „lang" meine ich etwas länger als normal, nicht extrem lang, aber doch merklich länger als normal. In der nächsten Phase atmet der Mönch kurz ein und kurz aus, also merklich kürzer als normal, aber auch nicht extrem kurz. Auch dies macht er für einige Minuten und betrachtet den Atem dabei. Vermutlich werdet ihr sowohl direkt beim Atem als auch in eurem ganzen Körper unterschiedliche Effekte dieser beiden Phasen beobachten können. Dies ist auch der Grund, warum die Atemachtsamkeit zu den Körperbetrachtungen gehört. In einer dritten Phase atmen wir dann nicht mehr besonders lang oder kurz ein und aus, sondern ganz normal, und betrachten hierbei den gesamten Atemkörper, wir spüren dem Atem also dort in unserem Körper nach, wo wir ihn empfinden können. Diese Phase kann durchaus länger sein als die beiden vorangegangenen. In der vierten Phase schließlich verwenden wir den Atem, um den Körper zu beruhigen. Hierbei können wir die Erkenntnisse verwenden, die wir zuvor in den anderen Phasen gewonnen haben. Aufgabe dieser vierten Phase ist also den Körper zu beruhigen, wozu wir den Atem verwenden.

Man kann mithin sagen, dass der Atem etwas ist, wodurch wir auf den Körper Einfluss nehmen können, der Atem ist ein Körpergestalter. Wenn man auf diese Art die Atembetrachtung in vier Phasen insgesamt mindestens eine halbe Stunde durchgeführt hat, so werden *Herz und Geist* innerlich gefestigt, man wird ruhiger, der Geist wird gesammelter und es entsteht ein gewisses Maß von Einsicht. Dies ist die erste von mir empfohlene Art der Körperbetrachtung.

Und damit komme ich zur zweiten Art der Körperbetrachtung, die auf die **Körperstellungen**. Sie unterscheidet sich von der ersten Art ganz wesentlich, sie wird nämlich nicht in einer gesonderten Meditationssitzung eingeübt, sie ist vielmehr eine

Ganztagespraxis, sie wird also den ganzen Tag über geübt und auch in der Nacht, also immer. Es handelt sich um eine permanente Körperachtsamkeitsübung, eine alltägliche Übung der Körperachtsamkeit. Wenn man sitzt, dann sollte man nicht nur sitzen, sondern sich auch bewusst sein, dass man sitzt. Wenn ein Mönch geht, sollte er sich dementsprechend bewusst sein, dass er geht. Und wenn er nicht geht, sondern steht, dann sollte er sich des Stehens bewusst sein. Und auch bei der vierten grundsätzlichen Art der Körperstellung, beim Liegen, sollte er sich stets dessen bewusst sein, dass er liegt. Ja, Leute, auch diese alltägliche Praxis ist ein Teil der Körperbetrachtung. Auch auf diese Art entfaltet man Körperachtsamkeit.

Die dritte Art der Körperbetrachtung ist gewissermaßen eine Verfeinerung der eben ausgeführten zweiten Art. Ging es eben noch um Achtsamkeit, also ein Wissen um den Moment, so geht es in der **dritten Art** der **Körperbetrachtung um Wissensklarheit**, was eine Achtsamkeit in der Dynamik ist, eine prozessuale Betrachtung, keine statische. Wissensklarheit setzt voraus, dass man sich bei Handlungen des Entstehens eines Resultates in Abhängigkeit von Bedingungen bewusst ist. Jede Handlung hat Ursachen und sie hat Folgen. Wir denken bei dieser Übung nicht bewusst darüber nach, aber wir sind uns dieser Tatsache bewusst, das eben ist Wissensklarheit. Also: sei wissensklar beim Gehen. Wenn du irgendwo hinschaust oder deinen Blick von etwas abwendest, dann sei wissensklar, was du da gerade machst. Wenn du deine Glieder beugst oder streckst, dann mache dies mit Wissensklarheit, nicht unwillkürlich. Auch bei der Nahrungsaufnahme ist diese Wissensklarheit einzuüben, also sei wissensklar beim Essen, beim Trinken, sei wissensklar, was du schmeckst und dass du kaust. Dies nämlich ist die dritte Methode der Achtsamkeit auf den Körper, die Wissensklarheit.

Eine vierte Art der Körperbetrachtung ist die **Betrachtung der Körperteile**. Hier betrachtet man die einzelnen Körperteile. Bei den meisten Menschen gibt es eine Selbstverliebtheit in den Körper, für diese Menschen ist es sinnvoll, den Körper als unrein, unschön, unvollkommen zu betrachten. Also sollten diese Mönche den Körper als von vielen unreinen Dingen angefüllt betrachten: da gibt es in diesem Körper Kopfhaare, Körperhaare, Nägel, Zähne, Haut, Muskelfleisch, Sehnen, Knochen, Knochenmark, Nieren, Herz, Leber, Zwerchfell, Milz, Lunge, Dickdarm, Dünndarm, Mageninhalt, Kot, Galle, Schleim, Blut, Eiter, Schweiß, Fett, Tränen, Talg, Speichel, Rotz, Gelenkschmiere und Urin. Dies ist also eine analytische Betrachtung, man macht das genauso wie beispielsweise ein Kornhändler sein Lager inspiziert: da gibt es Bergreis, roter Reis, Bohnen, Erbsen, Hirse, Weizen, Roggen und weißen Reis. Genau auf die gleiche Weise betrachtet man seinen Körper, und eben dies ist die vierte Art der Körperachtsamkeit.

Als <u>fünfte Art</u> ist die **Betrachtung der Elemente** zu nennen. In unserem Körper gibt es Erdelement, damit ist alles Feste im Körper gemeint, wie beispielsweise Haut, Haare Knochen, Organe. In deinem Körper gibt es auch Wasserelement, womit alles Flüssige gemeint ist wie Blut, Urin, Tränen usw. Und dann gibt es im Körper auch Feuerelement, damit ist die Körperwärme gemeint, die beispielsweise durch den Verbrennungsprozess in den Muskeln entsteht. Und in diesem Körper gibt es auch Windelement, also beispielsweise Winde in den Därmen oder die Atmung, aber auch alles, was mit Bewegung zu tun hat, fällt unter Windelement. Und ganz wichtig ist es, alle diese Elemente als einem selbst nicht gehörend zu betrachten. Alles, was deinen Körper ausmacht ist durch Stoffwechselprozesse aus der Natur aufgenommen, befindet sich nur relativ kurz in deinem Körper und kehrt dann in die Natur außerhalb deines Körpers, der letztendlich auch Natur ist, zurück. Auch dieses ist eine wichtige Art der Körperbetrachtung.

Als sechstes ist die **Leichenfeldbetrachtung** zu nennen. Hierzu betrachtet ein mental gefestigter Bhikkhu – entweder real oder vor seinem geistigen Auge – eine Leiche in verschiedenen Stadien des Zerfalls, angefangen von einer leicht bläulich verfärbten Leiche bis zu dem Stadium, in dem nur noch einzelne Knochenteile und Zähne herumliegen, und dabei sagt er sich: `Dieser Körper ist von der gleichen Art wie mein Körper, so wird mein Körper demnächst auch sein, das ist mein unabänderliches Schicksal.´ Und auch dies ist eine Art, in der ein geistig gesunder und mit den zuvor genannten Techniken vertrauter Mönch die Achtsamkeit auf den Körper entfalten kann.

Die siebente Art der Körperbetrachtung ist die schwierigste und nur für sehr erfahrene Mönche zu empfehlen, es ist die **Körperbetrachtung in den meditativen *Vertiefungszuständen***. In der *ersten meditativen* **Vertiefung** gibt es noch aufnehmende und anhaltende Hinwendung zum Meditationsobjekt sowie Verzückung und Glücksgefühl, die aus dieser Abgeschiedenheit entstanden sind. Und nunmehr lässt der erfahrene Mönch den ganzen Körper von dieser Verzückung und dieser Glückseligkeit durchdringen, durchtränken, sättigen, erfüllen, sodass es keinen Körperteil gibt, der nicht von dieser Verzückung und dieser Glückseligkeit durchdrungen, durchtränkt, gesättigt und erfüllt ist. Das ist genauso, wie ein geschickter Bademeister Wasser in eine Schüssel gießt und dann unter Rühren Seifenpulver dazu gibt, sodass sich Seifenpulver und Flüssigkeit gegenseitig durchdringen und eine einheitliche Masse von Flüssigseife entsteht, genauso lässt der erfahrene Mönch den ganzen Körper von dieser Verzückung und dieser Glückseligkeit durchdringen, durchtränken, sättigen, erfüllen, sodass es kein Körperteil gibt, das nicht von dieser Verzückung und dieser Glückseligkeit durchdrungen, durchtränkt, gesättigt und erfüllt ist.

Dann tritt der erfahrene Mönch in die **zweite meditative Vertiefung**, die von der Stillung der Hinwendung zum Meditationsobjekt gekennzeichnet ist, und er verweilt auf diese Weise gestillt. Er lässt den ganzen Körper von dieser Verzückung und dieser Glückseligkeit durchdringen, durchtränken, sättigen, erfüllen, sodass es keinen Körperteil gibt, der nicht von dieser Verzückung und dieser Glückseligkeit durchdrungen, durchtränkt, gesättigt und erfüllt ist. Das ist in etwa so, als gäbe es da einen Teich, der keinen Zufluss hat und auch nicht von Regen, sondern einzig von einer unterirdischen Quelle gespeist wird und dieser kühle Quellfluss, das kalte, erfrischende Wasser würde den ganzen See durchdringen, durchtränken, sättigen erfüllen, bis es keinen einzigen Platz mehr in diesem See mehr gäbe, der nicht von diesem kühlen Quellfluss, dem kalten, erfrischenden Wasser, durchdrungen, durchtränkt, gesättigt und erfüllt ist. Genauso lässt der erfahrene Mönch den ganzen Körper von dieser Verzückung und dieser Glückseligkeit durchdringen, durchtränken, sättigen, erfüllen, sodass es kein Körperteil gibt, das nicht von dieser Verzückung und dieser Glückseligkeit durchdrungen, durchtränkt, gesättigt und erfüllt ist.

Und weiter noch, nunmehr tritt dieser Mönch in die **dritte meditative Vertiefung** ein, die vom Vergehen der Verzückung, vom Nachlassen und Verschwinden dieser Verzückung gekennzeichnet ist. Er ist achtsam und wissensklar, erlebt die Glückseligkeit körperlich weiter, während die schwindende Verzückung dem aufkommenden Gleichmut Platz macht. Das ist so wie bei einem Teich mit Lotusblüten, in dem einige im Wasser geborene Lotusse in diesem Wasser gedeihen und kühles, klares Wasser sie von ihren Wurzeln bis zu den Trieben durchtränkt, durchsättigt, durchdringt und erfüllt, sodass kein Teil dieser Lotuspflanze nicht vom kühlen Wasser durchtränkt ist. Auf die gleiche Weise lässt der erfahrene Bhikkhu den ganzen Körper von dieser Glückseligkeit, die frei ist von der aufschäumenden Verzückung, durchdringen, durchtränken, durchsättigen und erfüllen, bis es kein Körperteil mehr gibt, das nicht von dieser reinen Glückseligkeit durchdrungen ist.

Und schließlich, liebe Mönche, tritt dieser erfahrene Bhikkhu nach dem Überwinden von Glück und Schmerz schließlich in die **vierte meditative Vertiefung** ein, die von Gleichmut erfüllt ist, weder Freudiges noch Schmerzhaftes enthält und von reinster Achtsamkeit geprägt ist. Er sitzt da und durchdringt den Körper mit reinem Herzen und reinem Geist, sodass es keinen Körperteil mehr gibt, der nicht von dieser geistigen Reinheit durchdrungen ist. Wie ein Mann, der von Kopf bis Fuß in weißes Tuch gehüllt ist, sodass sein ganzer Körper von weißem Tuch bedeckt ist, ebenso durchdringt der weise Bhikkhu den Körper mit reinem Herzen und reinem Geist, sodass es kein Körperteil mehr gibt, das nicht von dieser geistigen Reinheit durchdrungen ist.

Auf solche Weise entfaltet ein weiser Bhikkhu Achtsamkeit. Und diese Übungen, liebe Mönche kann ich euch empfehlen. Die anfangs genannten Methoden eignen sich für die noch weniger Erfahrenen unter euch, die späteren sind, wie ihr sicher bemerkt habt, anspruchsvoller und empfehlen sich für die ausgesprochenen Mediationsexperten unter euch.

Die Mönche waren froh über diese Belehrungen, bedankten sich bei Buddha, übten fleißig und besprachen ihre Meditationserfahrungen täglich miteinander.

Der hündische Nacktasket

Originaltitel: Kukkuravatika Sutta - MN 57

Es war während einer der Wanderperioden des Buddha. Zu dieser Zeit befand er sich im Lande *Kolya*. Er hatte vormittags seine Almosenrunde in der Stadt Haliddavasana gemacht und befand sich jetzt außerhalb der Stadt.

Im damaligen Indien gab es zahlreiche Menschen, die nicht in Häusern und mit Familien lebten, denn Indien war schon immer ein Land, in dem Spiritualität eine hohe Bedeutung hatte, und so waren zahllose Menschen in die Hauslosigkeit gezogen. Sie hofften sich durch asketische Praktiken weiter entwickeln zu können. Neben allerlei sinnvollen Meditationsübungen gab es auch ziemlich absurde Praktiken. Von zwei auf eine höchst merkwürdige Art Praktizierenden handelt diese Geschichte. Einer von den beiden hieß Punna, und er praktizierte etwas, dass er „Ochsenübung" nannte, was bedeutete, dass er wie ein Ochse herumlief und auch nur das aß, was auch Ochsen fressen würden. Möglicherweise hatte er sich gerade einen Ochsen als Vorbild genommen, da Rinder bei den Hindus als verehrungswürdig angesehen werden. Als Mann konnte er schlecht eine Kuh imitieren und als Asket wäre ein Stier äußerst unangebracht gewesen. Für einen zölibatär lebenden Mann wäre unter allen Rindern folglich der Ochse, das angebrachteste Exemplar.

Und dann gab es da noch einen Nacktasketen namens Seniya, der die Hundeübung praktizierte. Er lief also auf allen Vieren herum, bellte wie ein Hund, schnüffelte wie ein Hund, hob an Bäumen das Bein und aß nur, was auch Hunde fressen würden.

Nun muss man wissen, dass Hunde im Gegensatz zu Rindern nicht angesehen sind. Hunde gelten als unwürdige, niedrige Tiere. Wenn Seniya also wie ein Hund praktizierte, dann vertraute er wohl darauf, dass derjenige, der sich selbst erniedrigt, erhöht werde, zumindest bei der nächsten Wiedergeburt.

Uns erscheint das mit Sicherheit ziemlich absurd, und vermutlich erschien es auch im alten Indien den meisten Menschen als höchst absurd. Der Buddha war den beiden schon in der Stadt begegnet, hatte jedoch keinen Anlass gesehen, sie ob ihres merkwürdigen Gebarens anzusprechen. Vor seiner Erleuchtung hat der Buddha auch asketische Praktiken geübt, wenn auch nicht derartig absurde. Letztlich hatte er erkannt, dass extreme, selbstkasteiende Askese genauso wenig zu spirituellen Erreichungen führt wie ihr Gegenteil, die Völlerei. Vielleicht würden auch Punna und Seniya früher oder später zu einer solchen Erkenntnis kommen, wenn sie reif genug waren ihr Verhalten kritisch zu hinterfragen. Gewöhnlich gab der Buddha denen Belehrungen, die ihn aufsuchten und darum baten, aber er drängte seine Weisheit niemandem mit missionarischem Eifer auf.

Aber tatsächlich waren sich die beiden Asketen keineswegs sicher, ob ihre Übung hilfreich sei. Als sie gesehen hatten, dass der Buddha in der Stadt war, berieten sie sich jedoch, und kamen zu der Auffassung, dass es nichts schaden könne, den Buddha, der als großer Weisheitslehrer bekannt war, nach seiner Meinung zu fragen.

So gingen sie also, nachdem der Buddha seine Almosenspeise verzehrt und sich unter einem Baum niedergelassen hatte, zu ihm hin, diesmal nicht auf allen Vieren, vielmehr näherten sie sich dem Erhabenen auf angemessene Weise, drückten ihm ihre

Hochachtung aus, und setzten sich dann seitwärts, wie es sich gehörte, nieder.

Dann fragte Punna: „Ehrwürdiger Herr, mein Freund Seniya ist ein Nacktasket, der sich der Hundeübung verpflichtet hat. Er hofft so auf eine bessere Wiedergeburt. Von Euch haben wir gehört, dass ihr bei Eurem Erwachen gesehen habt, wie die Menschen in Abhängigkeit von ihrem Handeln wiedergeboren werden, was könnt Ihr uns denn über die Wiedergeburt meines Freundes Seniya sagen?"

Der Buddha, der natürlich wusste, dass seine Antwort den beiden Freunden keine Freude bereiten würde, wich zunächst aus: „Punna, lass es, frag mich das nicht."

Punna ließ jedoch nicht ab und bat abermals um eine Antwort, doch der Buddha machte klar, dass es ihm leid täte, wenn er seinen Freund enttäuschen musste, aber Punna ließ dennoch nicht ab und bat ein drittes Mal um Auskunft. Es gehörte damals zur Etikette, Antworten erst einmal zu verweigern, wenn die Antwort den Fragenden nicht zufrieden stellen konnte. Auf diese Art konnte man das Gespräch über etwas anderes fortsetzen, ohne sich eine Abfuhr zu holen. Sollte jemand jedoch dreimal um etwas bitten, dann war es ihm wirklich ernst und man sollte ihm antworten. Also sagte der Buddha:

„Nun, gut, wenn du darauf bestehst, werde ich dir antworten, auch wenn dir die Antwort vermutlich nicht gefallen wird. Wenn jemand die Hundeübung dauerhaft praktiziert, entwickelt er Hundegewohnheit, er entwickelt Hundeverhalten und er entwickelt einen Hundegeist. Wenn er diese Übung also erfolgreich praktiziert, wird er zweifellos als Hund wiedergeboren, scheitert er jedoch in seinen Bemühungen, so wird er in höllischen Gefilden wieder erscheinen."

Da brach der danebensitzende Seniya in Tränen aus, denn das war nicht das, was er durch diese schwierige Übung erreichen wollte. Er gestand, dass er die Hundeübung praktizierte. Nachdem er sich wieder gefasst hatte, fragte er, was denn dann mit einem Mann geschehe, der die Ochsenübung praktiziere. Und - wie nicht anders zu erwarten - erklärte der Erhabene, dass der mit der Ochsenübung im besten Fall als Ochse wiedergeboren würde, im Versagensfall allerdings ginge auch er höllischen Zuständen entgegen.

Nun weinte auch Punna, und als er sich wieder gefasst hatte, bat er den Buddha, ihm den Dharma zu lehren. Selbstverständlich kann man den Dharma auf unterschiedlichste Weise erklären. Der Buddha verwendet dabei immer die Erklärung, die für die gerade anwesenden Adresssaten die hilfreichste ist. Er entschied sich für folgende Erklärung:

"Unser Handeln bestimmt unsere Zukunft, in dieser Welt wie auch in der nächsten. Dunkle Handlungen führen in dunkle Gefilde. Wer leidbringende Gedanken hegt, leidbringende Rede spricht, leidbringendes Verhalten an den Tag legt, der wird in einer leidbringenden Welt wiedererscheinen. Helle Handlungen führen in helle Gefilde. Wer nur freundliche Gedanken hegt, allzeit freundliche Worte benutzt und immerdar liebevolle Taten vollbringt, der wird in einer freundlichen, liebevollen Welt erscheinen.

Wer weder helle noch dunkle Handlungen vollbringt, der wird in weder hellen noch dunklen Gefilden wiedererscheinen, in einer Welt ohne großes Leiden und ohne viel Glück. Und dunkel-helle Handlung führt zu dunkel-hellem Ergebnis. Wer teilweise liebevolle und teilweise leidbringende Handlungen mit Körper, Rede und Geist vollbringt, der wird in Zuständen erscheinen, in denen es sowohl Leid als auch Erfolge für ihn gibt. Ein jeder erarbeitet sich seine Zukunft selbst."

Nach dieser Darlegung sagte Punna, der Mann aus Koliya: "Großartig, ehrwürdiger Herr. Es ist als hättet ihr in die Dunkelheit meines Lebens eine Lampe gebracht. Möge der Erhabene mich von heute an bis zum Ende meiner Tage als Laienanhänger annehmen."

Anders Seniya, der nackte Asket mit dem Hundetick, er sagte: "Wunderbar, ehrwürdiger Herr, es ist, als wenn etwas, was auf dem Kopf gestanden hätte, plötzlich wieder auf die Füße gestellt würde. Ich nehme Zuflucht zum Erhabenen, zum Dhamma und zur Sangha der Bhikkhus, möge mich der Erhabene als Mönch annehmen und ordinieren."

Aber der Buddha wiegelte ab: "Seniya, du warst bis jetzt Angehöriger der Nacktasketen, bist dem spirituellen Lehrer gefolgt, den die Nacktasketen *Mahavira* nennen. In meiner Gemeinschaft gibt es die Regel, dass Konvertiten aus anderen spirituellen Gemeinschaften eine viermonatige Probezeit ablegen müssen. Die Bhikkhus beobachten ihn in dieser Zeit, und wenn sie zufrieden sind, wird derjenige dann ordiniert. Dies ist keine ganz strenge Regelung mit den vier Monaten, wir machen vielmehr mitunter auch Ausnahmen."

"Wunderbar Erhabener, dann bitte ich um eine Ausnahme. Man möge mich nicht vier Monate begutachten, sondern vier Jahre. Wenn die Bhikkhus dann mit mir zufrieden sind, möchte ich ordiniert werden."

Der Buddha nahm dieses Ansinnen mit Wohlgefallen auf. Seniya praktizierte vier Jahre lang als Novize, dann erhielt er die volle Ordination. Er praktizierte so eifrig den Dharma, wie er zuvor die Hundeübung praktiziert hatte, und es dauerte nicht sehr lange, da erreichte Seniya das Ziel, die Heiligkeit. Er wurde einer der *Arahants*.

Der Edle Achtfältige Pfad

	auf Pali	Übersetzung	alternative Übersetzung
1	samma ditthi	Rechte Sicht	Richtige Vison
2	samma sankappa	Rechte Gesinnung	Richtige Absicht
3	samma vaca	Rechte Rede	Richtige Kommunikation
4	samma kammanta	Rechte Tat	Richtiges Handeln
5	samma ajiva	Rechter Lebenserwerb	Richtige Lebensführung
6	samma vayama	Rechte Anstrengung	Angemessne Bemühung
7	samma sati	Rechte Achtsamkeit	Höchstmögliche Achtsamkeit
8	samma samadhi	Rechte Sammlung	Angemessene Vertiefung

Der Buddha ist wie das Feuer

Originaltitel: Aggivacchagotta Sutta (MN 72)

Als diese Geschichte geschah, war der Erhabene in **Anathapindikas Bhikkhuheim** im Jeta-Hain bei **Savatthi**, wo er häufig die Regenzeit verbrachte. Er erhielt an diesem Tag Besuch vom Wanderasketen Vacchagotta, einem unabhängigen spirituellen Sucher, der den Buddha schon früher gelegentlich getroffen hatte. Vacchagotta hatte sich seine Unabhängigkeit von den verschiedenen religiösen Lehrern erhalten, er gehörte keiner spirituellen Gemeinschaft an. Aber er nutzte jede Gelegenheit, um mit den großen Meistern seiner Zeit ins Gespräch zu kommen, denn ihm war an Weisheit, an spirituellem Fortschritt gelegen. Man kann sagen, dass Vacchagotta mit dem Dharma sympathisierte, aber (noch) nicht zu den Schülern des Buddha gehörte.

Der Asket stellte dem Buddha die Fragen, die die spirituellen Sucher jener Zeit bewegte und die zwischen den spirituellen Lehrern damals heftig umstritten waren, nämlich:

- Ist die Welt ewig?
- Ist die Welt endlich?
- Sind Seele und Körper das gleiche?
- Existiert ein Erleuchteter nach dem Tode weiter?

Nach dem damaligen Verständnis der Logik konnte es darauf jeweils vier unterschiedliche Antworten geben:

- Ja, so ist es.
- Nein, so ist es nicht.
- Es ist weder so, dass es so ist, noch dass es nicht so ist.
- Es ist sowohl so, dass es so ist, als auch so, dass es nicht so ist.

Und da diese vier Fragen multipliziert mit den vier möglichen Antworten insgesamt 16 mögliche Aussagen ergeben, stellt Vacchagotta dem Buddha alle diese möglichen Fragen, etwa in der Art: *"Ist es sowohl so, dass die Welt ewig ist als auch, dass sie nicht ewig ist?"*

Nach den Gesetzen der Logik hätte der Buddha auf vier dieser Fragen mit "Ja" antworten müssen, aber der Buddha verneinte alle Fragen, was den Vacchagotta verständlicherweise verwirrte: "Das verstehe ich nicht, Meister Gotama verneint alle diese Fragen, das kann doch nicht sein, oder?"

Doch der Buddha wies den Wanderasketen darauf hin, dass alle diese Aussagen spekulativer Natur seien, einer wissenschaftlichen Überprüfung nicht zugängig, da die Antwort nach weltlichem Verständnis weder verifizierbar noch falsifizierbar sei. Dann führte der Buddha weiter aus:

"Vacchagotta, ein Erwachter hat keinerlei spekulativen Ansichten. Ein Erwachter hat gesehen: dass ist die Form, das ist das Gefühl, das ist die Wahrnehmung, das sind die Gestaltungsabsichten und das ist das Bewusstsein. All dies entsteht in Abhängigkeit von Bedingungen und es verschwindet, wenn die Bedingungen, die zu ihrem Entstehen geführt haben, nicht mehr gegeben sind."

Damit hat der Buddha die fünf Khandhas, die fünf Gruppen, aus denen eine Person nach buddhistischem Verständnis besteht, ebenso benannt, wie ihr Entstehen und Vergehen in Abhängig-keit von Bedingungen; diese fünf Gruppen sind:

- *die Körperlichkeitsgruppe (rupa-kkhandha),*
- *die Gefühlsgruppe (vedana-kkhandha),*
- *die Wahrnehmungsgruppe (sanna-kkhandha),*
- *die Geistesformationen-Gruppe (sankhara-kkhandha)*
- *die Bewusstseinsgruppe (vinnana-kkhandha)*

Vacchagotta jedoch ist noch immer verwirrt (du vielleicht auch?) und er fragte: "Wenn ein Erwachter stirbt, was wird denn dann aus ihm, irgendwas muss doch danach kommen, irgendwo muss er doch hingehen, irgendwo muss er doch wieder erscheinen, sei es in dieser Welt, oder in einer himmlischen Sphäre oder anderswo." Diese Frage entspricht dem, was auch uns heutige Menschen umtreibt, die Frage: „Was passiert denn nach dem Tod mit uns?"

In Indien war die traditionelle Antwort darauf: man wird wiedergeboren, bis man erleuchtet ist. Sodass dann natürlich die Frage folgte: und dann? Ebenso wie viele Menschen, die nicht an Wiedergeburt auch fragen: was geschieht denn nach dem Tod mit mir? Habe ich eine ewige Seele? Wo ist die denn dann? Alle diese Fragen lassen sich auch heute nicht einmal von der modernen Wissenschaft beantworten. Jedwede Antwort, die beispielsweise Kirchen darauf geben, ist spekulativer Natur.

Daher versuchte es der Buddha mit einem Gleichnis: "Vaccha-gotta, angenommen hier würde ein Lagerfeuer brennen, würdest du dann wissen, dass hier ein Feuer brennt?"

"Klar würde ich das wissen, ich sehe es ja!"

"Und wenn ich dich dann frage: `In Abhängigkeit wovon brennt es denn´, was würdest du antworten?"

"Nun, ehrwürdiger Herr, ich würde sagen, dass es in Abhängigkeit von seinem Brennstoff brennt, also beispielsweise von Heu und Zweigen."

"Und, Vacchagotta, wenn das Feuer dann ausgegangen ist, würdest du wissen, dass es erloschen ist?"

"Klar würde ich das wissen, ich sehe es ja!"

"Und, Vacchagotta, wenn dich jetzt einer fragt: `Wo ist denn das Feuer hingegangen, nach Osten, Westen, Süden oder Norden´, was würdest du ihm antworten?"

"Meister *Gotama*, ich würde ihm sagen, dass diese Frage unsinnig ist, denn das Feuer brannte in Abhängigkeit von seinem Brennstoff, also in unserem Beispiel von Heu und Zweigen."

"Siehst du, ebenso ist es mit einem *Tathagata*, einem Buddha, er wird nicht über die Form definiert, er ist von der Herrschaft der *vedana* (Empfindungen) befreit, er identifiziert sich nicht mit seinem wahrnehmbaren Körper, er hat keine Tatabsichten mehr und auch das Bewusstsein, das jemand, der den Tathagata beschreibt, diesem zuweist, ist von ihm überwunden worden, es ist beseitigt, er ist nicht mehr von einem abgrenzbaren, definierbarem Bewusstsein. Mit seinem physischen Tod ist ein Tathagata erloschen."

"Großartig, Meister Gotama, jetzt habe ich es verstanden, Meister Gotama hat einem Verwirrten den Weg gewiesen, ich möchte für mein Leben lang Zuflucht nehmen, möge mich Meister Gotama als Laienanhänger annehmen!"

Anmerkung:

Nun könnte man natürlich sagen, dass das Feuer zwar erloschen ist, aber seine Wirkungen weiterbestehen: Die Hitze, die es entfacht, wirkt nach. Und auch die Stoffe, die es verzehrt hat sind nicht verschwunden sondern nur transformiert, der Kohlenstoff des Holzes ist im Verbrennungsprozess oxidiert und nunmehr als Kohlendioxid gebunden.

Das ist richtig und wenn wir die Parallele zu einem vollendeten Menschen, einem Buddha, weiterbetrachten, so können wir auch feststellen, dass seine Wirkung weiterbesteht. Dass ich diese Zeilen schreibe, hat eine ihrer Ursachen in dem, was der Buddha damals vor mehr als zweieinhalbtausend Jahren sagte.

Natürlich ist auch der Körper des Buddha zwar vergangen, aber die Atome, aus denen sein Körper bestand, sind weiter da, nur nicht mehr kompakt als ein Mensch, den wir „Buddha" oder „Meister Gotama" nennen. Und auch der Geist des Buddha, das Bewusstsein des Buddha, ist nicht spurlos verschwunden. Elemente seines Bewusstseins existieren weiter, zum Beispiel in Menschen, aber sicher nicht nur dort. Lediglich eine Erscheinungsform ist verschwunden: der Mensch, den wir als „den Buddha" bezeichnen. Ebenso wie „das Feuer, das ich gestern noch brennen sah" verschwunden ist. Ja, es ist verschwunden, aber nicht spurlos. Ja, die Erscheinungsform „Buddha Shakyamuni" ist verschwunden, aber die Buddhanatur wirkt weiter. Sie wirkt in dir, in mir, in jedem fühlenden Wesen, sie ist „nicht abgrenzbar".

(Vorsicht: mein letzter Satz ist zugegebener Maßen spekulativ. Der Rest aber nicht.)

Das bedingte Entstehen (paticcasamuppada)			
	auf pali	auf deutsch	im Bild als
1	avijja	Verblendung	Blinder
2	sankhara	Wille	Töpfer
3	vinnana	Bewusstsein	Affe im Baum
4	Nama-rupa	Körper + Geist	Leute im Boot
5	salayatana	Sechs Sinne	Haus mit Tür und fünf Fenstern
6	phassa	Kontakt	Paar in Kontakt
7	vedana	Empfindung	Pfeil im Auge
8	tanha	Verlangen	Biertrinker
9	upadana	Anhaften	Pflückerin
10	bhava	Werden	Schwangerschaft
11	jati	Wieder-entstehen	Geburt
12	Jara-marana	Altern + Tod	Leichentransport

Die Lehre vom Honigkuchen

Originaltitel: Madhupindika Sutta - MN 18

Vorbemerkung: der unterstrichene Abschnitt in der Mitte ist wörtlich aus **Mettiko Bhikkhu**s *Übersetzung der* **Majjhima Nikaya** *übernommen.*

Diese Geschichte ist uns durch **Ananda**, dem Gehilfen und Freund des Buddha, überliefert. Er berichtet uns, was sich seinerzeit zutrug, als der Erhabene im Lande **Shakya** in der Nähe von **Kapilavatthu** war und sich dort in Nigrodhas Park aufhielt.

Der Buddha war kurz zuvor von seiner Almosenrunde in den bewaldeten Park zurückgekehrt und hatte sich dort am Fuße eines noch jungen Bilva-Baumes niedergelassen, um dort im Schatten die heißeste Zeit des Tages zu verbringen.

Da kam Dandapani, der einen ausgedehnten Spaziergang zum Zwecke der körperlichen Fitness machte, so wie heute vielleicht Leute joggen würden. Er sah den berühmten Weisen, den Buddha, ging auf ihn zu und fragte ihn: „Na, Mönch, welche Lehre verkündet denn Ihr?" Das entsprach absolut nicht der indischen Höflichkeitsetikette, sondern war ziemlich provokativ, zumal Dandapani vermutlich wusste, wen er vor sich hatte. Immerhin war es in dem Landstrich, dessen Prinz der spätere Buddha einst war und es war unmittelbar bei der Stadt, in der der Buddha aufgewachsen war. Offensichtlich kannte auch der

Buddha den Wanderer namentlich. Trotz dieses Affronts antwortete der Buddha ihm höflich:

„Freund, ich lehre, dass man mit niemandem in der Welt streitet; dank meiner Lehre muss ich nicht mehr an Sinnen-vergnügen haften und bin frei von Verwirrung, von Kummer und von Begehren nach jeglicher Art von Dasein."

Dandapani machte einige abwertende Gesten, schüttelte den Kopf und ging dann auf seinen Wanderstab gestützt weiter.

Nachdem er seine Meditation beendet hatte, ging der Buddha zu Nigrodhas Park, wo die anderen Mönche lagerten, und erzählte ihnen, was vorgefallen war. Da fragte einer der noch nicht sehr erfahrenen Mönche: „Aber was ist das für eine Lehre, nach der man mit niemandem in der Welt streitet; dank derer man nicht mehr an Sinnenvergnügen haftet und frei ist von Verwirrung, von Kummer und von Begehren nach jeglicher Art von Dasein?"

Der Erhabene antwortete: „Wenn man jede Form von **Begierde**, von **Unwissenheit** und von **Abneigung** überwunden hat, dann gibt es kein **geistiges Ausufern** mehr und all die Konzepte, die daraus entstehen. Dann ist **Befreiung** erlangt."

Und da dieser Mönch nicht mehr nachfragte und um keine Erläuterung mehr bat, begab sich der Buddha in seine Unterkunft.

Nun sahen sich die unerfahrenen Mönche gegenseitig an und fragten einander, ob sie das begriffen hätten. Es stellte sich heraus, dass keiner von ihnen etwas damit anfangen konnte, also beschlossen sie einen der Ordensälteren, den ehrwürdigen Maha Kaccana, der auch in Nigrodhas Park weilte, zu befragen.

Maha Kaccana zeigte sich verwundert: „Das war ungeschickt von Euch, ihr hättet den Buddha fragen sollen, keiner hätte es euch besser erklären können, ihr wisst doch: wer nicht fragt bleibt dumm!"

„Gewiss, Freund Kaccana, das war ungeschickt von uns, aber jetzt sind wir ja bei Dir und fragen, weil wir nicht dumm bleiben wollen!"

Kaccana bestätigte, dass das sicher das Beste war, was sie jetzt tun könnten, und er erläuterte ihnen: „Wenn da sichtbare Formen sind und ein Auge ist da, so entsteht Sehbewusstsein; das Zusammentreffen dieser drei nennt man Kontakt (*phassa*). Bei Kontakt tritt unmittelbar eine Empfindung (*vedana*) auf. In Abhängigkeit von Kontakt und Empfindung entsteht Wahrnehmung (*sanna*). Was man wahrnimmt, darüber denkt man nach. Unweises Nachdenken nennt man geistiges Ausufern (*papanca*) und eben daraus konstruieren wir Konzepte. Geprägt von diesen Konzepten begegnen wir dann entsprechenden Phänomenen, die wir in der Vergangenheit, der Zukunft oder der Gegenwart erblicken. Wir haben ein Vorurteil ausgebildet, das unsere Wahrnehmung trübt und unser Verhalten determiniert. Das, was ich eben fürs Sehen erläutert habe, gilt natürlich genau so für die anderen Sinneswahrnehmungen: Hören, Riechen, Schmecken, Fühlen und geistige Eindrücke.

„Alle diese Konzepte entstehen jedoch aufgrund unseres Habenwollens (Gier), unserer Abneigung (Hass) und somit aufgrund von bestimmten geistigen Projektionen (Verblendung). Wenn jedoch <u>nichts gefunden wird, woran man sich ergötzen könnte, was man willkommen heißen könnte und woran man sich festhalten könnte, dann ist dies das Ende der Neigung zu Begierde, der Neigung zur Abneigung, der Neigung zum Zweifel, der Neigung zum Dünkel, der Neigung zu Begierde nach Werden, der Neigung zu Unwissenheit; dies ist das Ende</u>

des Gebrauchs von Knüppel und Waffe, von Streit, Zank, Streitgesprächen, Anschuldigungen, Gehässigkeit und falscher Rede; hier hören diese üblen unheilsamen Zustände ohne Überbleibsel auf. So, Freunde, wenn Ihr wollt, könnt ihr beim Erhabenen nochmals nachfragen, ob das so stimmt.

Die Mönche waren erfreut über diese Belehrung, fragten aber sicherheitshalber später beim Buddha nochmals nach und erzählten ihm, was Maha Kaccana ihnen gesagt hatte. Der Buddha lächelte und sagte: „Maha Kaccana ist weise, genau das hat es bedeutet und so solltet ihr es euch merken."

An dieser Stelle nun freute sich Ananda und fragte den Erhabenen: „Eine sehr schöne Lehrrede, die geht mir runter wie Honigkuchen. Ich werde sie mir merken und weitergeben! Wie sollte ich diese Lehrrede dann am besten nennen?"

Da lachte der Buddha: „Aber Ananda, du hast die Antwort doch eben selbst gegeben: Nenne sie Honigkuchen-Lehrrede!"

Soweit das, was Ananda uns von der Honigkuchen-Lehrrede berichtete. Mir gefällt neben dem Inhalt und der Art, wie ein eigentlich alltägliches Erlebnis aufbereitet wird, vor allem die implizite Darlegung von spirituellen Stufen, die die einzelnen Personen erreicht haben:

- *Der Buddha, der dies alles verwirklicht hat. (Die höchste spirituelle Stufe, die man erreichen kann.)*
- *Der Ordensältere, der dies vermutlich nicht verwirklicht hat, aber es verstanden hat und selbst darlegen kann. (Eine hohe spirituelle Stufe.)*
- *Ananda, der es verstanden hat, aber so nicht hätte formulieren können, aber das Gehörte gern weitergibt. (Eine fortgeschrittene spirituelle Stufe.)*

- *Die Mönche, die zwar noch ziemlich am Anfang stehen, aber gerade aus dem Stadium des Nichtfragens in das des Fragens eingestiegen sind. (Die spirituellen Lehrlinge.)*
- *Dandapani, der dumm und frech ist und es auch bleiben will. (Der spirituelle Verweigerer.) - Aber Vorsicht, wenn wir jemanden so abstempeln! Auch im – derzeitigen! – spirituellen Verweigerer schlummert die Buddhanatur, die Fähigkeit zum spirituellen Wachstum. Grund genug für den Buddha, auch diesem eine knappe Zusammenfassung der Lehre zu geben. Möglicherweise wurde dadurch in ihm ein Samen gelegt, der zu späterer Zeit keimen kann.*

Die sechs Elemente

	Im Körper	außerhalb	prinzipiell	z. B.
Erde	Knochen, Haut, Zähne, Haare...	Steine, Holz, Autos, Sitzkissen...	alles Feste	Verspannungen, Gefangenschaft, Blockaden...
Wasser	Blut, Urin, Rotz, Tränen...	Regen, Meer, Seen, Flüsse....	alles Fließende	abfließende Verspannungen, Zeit, Absacken...
Wind (Luft)	Atem, Darmwinde...	Wind, Luft, Gase...	alles Flüchtige	Ideen, Gedanken...
Hitze (Feuer)	Körpertemperatur	Sonnenschein, Blitze...	alles Warme	metta, Engagement, Entschlossenheit
Raum	Verdauungstrakt, Nasenhöhle...	Höhlen, Räume, Weltraum	alles Leere, Höhlenartige, Anfüllbare	Leerheit, Weltraum, Freiheit
Bewusstsein	Gedanken, Verhaltensmuster, Ichglaube ...	körperlose Wesen, Ideen...	alles, was Geist ist	Götter, Ideen, -ismen....

Wiedergeburt

Originaltitel: Sankharupapatti Sutta - MN 120

Einmal mehr weilte der Erhabene im *Jeta-Hain* bei *Savatthi*, als er diese Rede hielt, um die *Bhikkhus* über das Wieder-erscheinen nach dem Tode, also das, was wir gemeinhin mit „Wiedergeburt" bezeichnen, zu belehren. Dieses Wieder-erscheinen geschieht in Abhängigkeit von *sankharas*, darunter versteht man Gestaltungskräfte, determinierende Faktoren, bestimmende Bedingungen. Er sagte:

"Liebe Mönche, da besitzt ein Bhikkhu Vertrauen, Sittlichkeit, Gelehrsamkeit, Großzügigkeit und Weisheit, und dieser Bhikkhu denkt: `Ach würde ich doch nach dem Tode unter wohl-habenden *Adligen* wiedererscheinen.´ Und was geschieht nach seinem Tode? Er wird dort wiedererscheinen. Dies, ihr Bhikkhus, ist der Pfad, ist der Weg unserer Praxis, die schließlich dazu führt, dass er dort nach dem Tode wiedererscheint.

Oder stellen wir uns vor, liebe Mönche, da besitzt ein Bhikkhu Vertrauen, Sittlichkeit, Gelehrsamkeit, Großzügigkeit und Weis-heit, und dieser Bhikkhu denkt: `Ach würde ich doch nach dem Tode unter wohlhabenden *Brahmanen* wiedererscheinen.´ Und was geschieht dann wohl nach seinem Tode? Er wird eben dort wiedererscheinen. Dies, ihr Bhikkhus, ist der Pfad, ist der Weg unserer Praxis, die schließlich dazu führt, dass er dort nach dem Tode wiedererscheint.

Oder stellen wir uns vor, liebe Mönche, da besitzt ein Bhikkhu Vertrauen, Sittlichkeit, Gelehrsamkeit, Großzügigkeit und

Weisheit, und dieser Bhikkhu denkt: `Ach würde ich doch nach dem Tode unter wohlhabenden Haushältern wiedererscheinen.´ Und was geschieht dann wohl nach seinem Tode? Er wird eben dort wiedererscheinen. Dies, ihr Bhikkhus, ist der Pfad, ist der Weg unserer Praxis, die schließlich dazu führt, dass er dort nach dem Tode wiedererscheint.

Und noch einmal, liebe Mönche, stellen wir uns vor, da besitzt ein Bhikkhu Vertrauen, Sittlichkeit, Gelehrsamkeit, Großzügigkeit und Weisheit, und dieser Bhikkhu denkt: `Ach würde ich doch nach dem Tode im Himmel unter *devas* wiedererscheinen.´ Und was geschieht dann wohl nach seinem Tode? Er wird eben dort wiedererscheinen. Dies, ihr Bhukkhus, ist der Pfad, ist der Weg unserer Praxis, die schließlich dazu führt, dass er dort nach dem Tode wiedererscheint.

Der Text erscheint in genau der gleichen Weise noch mit 30 anderen himmlischen Ebenen, die ich mir in dieser Nacherzählung spare. Eines ist aber allen diesen Ebenen gemein, den weltlichen wie den himmlischen: es sind Stellen, an denen die Menschen gerne wiedererscheinen würden. Alle sind wesentlich besser, als würde man als hungriger Geist, als Tier oder als Gespenst wiedergeboren – oder gar in einer Art Hölle.

Dann geht der Text so weiter:

Und schließlich, liebe Mönche, stellen wir uns vor, da besitzt ein Bhikkhu Vertrauen, Sittlichkeit, Gelehrsamkeit, Großzügigkeit und Weisheit, und dieser Bhikkhu denkt: `Ach würde ich doch durch eigene Verwirklichung mit höherer Geisteskraft, hier und jetzt in die Gemütsbefreiung, die Befreiung durch Weisheit, die mit der Vernichtung der Triebe verbunden ist, eintreten und darin verweilen.´ Und so tritt er durch eigene Verwirklichung mit höherer Geisteskraft, hier und jetzt, in die Gemütsbefreiung, die Befreiung durch Weisheit, die mit der

Vernichtung der Triebe triebfrei ist, ein und verweilt darin. Dies, ihr Bhikkhus, ist der Pfad, ist der Praxisweg, und er führt dazu, dass er nirgendwo und nirgends wiedererscheint.

Auf dem Fundament von Vertrauen, Sittlichkeit, Gelehrsamkeit, Großzügigkeit und Weisheit sowie auf der Basis stetigen Bemühens sind die Gestaltungskräfte der Schlüssel zur Zukunft.

Nachwort

Wichtig ist die Voraussetzung, unter der jede der genannten Wiedererscheinensformen verwirklicht werden kann. Der oder die Praktizierende benötigt in jedem Fall (1) Vertrauen in den Dharma, (2) ein sehr hohes Maß an Ethik (Sittlichkeit), (3) Gelehrsamkeit, das bedeutet er oder sie muss die Grundzüge des Dharma verstanden haben, (4) Großzügigkeit, was bedeutet, dass man jede gröbere Form von Egoismus überwunden haben muss sowie (5) Weisheit, also Erfolge in der Umsetzung und Verwirklichung des im Dharma Gelernten sowie (implizit genannt als 6.) stetiges Bemühen; diese Dinge müssen also immerdar geübt werden, nicht nur gelegentlich, denn sonst „besitzt" sie der oder die Übende nicht. Dies also sind die Gestaltungskräfte, die nötig sind, das erwünschte Wider-erscheinen zu gestalten, zu erreichen.

*Wessen Weisheit dabei nicht vollkommen ist, wer also nicht perfekt ist in der Umsetzung und Verwirklichung des im Dharma Erlernten, der wird sich wünschen, in einer der genannten positiven Ebenen, im Adel, unter Brahmanen, in einem wohl-habenden Hause oder in einer himmlischen Sphäre wiederzu-erscheinen und dies auch erreichen. Wer jedoch in der Weisheit vollkommen ist, in der Umsetzung und Verwirklichung des im **Dharma** Erlernten, der hat sich ganz vom Ego emanzipiert, der hat **dukkha** (Unvollkommenheit alles abhängig Entstandenen), **annicca** (Vergänglichkeit) und **anatta** (Wesenslosigkeit,*

Emanzipation vom Ego) völlig verwirklicht und der wird, nach Auflösung des Ego und Tod des Körpers nirgends (an keinem Ort) wiedererscheinen, also **Nirwana** erreicht haben. Dieser letzte Weg ist mithin nur **Erleuchteten** möglich.

Es zeigt sich aber auch, dass der Buddha Grund zu der Annahme hat, dass zahlreiche Mönche offensichtlich nicht in absehbarer Zeit das Nirwana anstreben, sondern die Wiedergeburt in angenehmeren Umständen, in privilegierten Familien oder in einem „himmlischen Bereich". Auch diesen versucht der Buddha hier klarzumachen, dass dennoch das stetige Bemühen um Vertrauen in den Dharma, ein ethisch einwandfreies Leben, Dharmaverständnis, Mitgefühl und Weisheit in einem hohen Maße nötig sind, um auch nur diese Ziele zu erreichen. Auch hier gilt: säe Vertrauen, Ethik, Gelehrsamkeit und Großzügigkeit, und du wirst Weisheit und ein Leben in guten Umständen ernten.

Wer aber auf dem Pfad weit genug fortgeschritten ist, für den wird ein Wiedererscheinen nicht mehr Ziel sein. Der strebt die völlige Auflösung des Ego an. Ist der Egoismus erst überwunden, so sind all diese positiven Kräfte frei und können im Universum weiter wirken – ohne ein Wiedererscheinen als (scheinbar von seiner Umwelt getrenntes) Wesen zu benötigen.

Konfliktfreies Reden

Originaltitel: Aranavibhanga Sutta - MN 139

Auch als der Buddha diesen Vortrag hielt, befand er sich in **Savatthi**, in dem von **Anathapindika** gestifteten **Retreatzentrum** für die Regenzeiten. Die Mönche hatten sich versammelt und der Buddha begab sich vors Auditorium und sagte:

„Liebe Mönche, heute möchte ich über das Thema *Konfliktfreies Reden* sprechen. Ich beginne zunächst mit einer kurzen Zusammenfassung.

Man sollte nicht nach dem Glück trachten, das durch **Sinnesvergnügen** erreicht wird, welche niedrig, ordinär und unheilbringend sind; andererseits sollte man aber auch nicht nach **Selbstkasteiung** trachten. Der Mittlere Weg, den ich erprobt und für gut befunden habe, vermeidet beide Extreme. Dieser Weg führt zum Frieden, zur Entwicklung höherer Geisteskraft, ja sogar zur Erleuchtung, zum Nirwana. Wichtig ist es auch zu wissen, was einerseits *Lobpreisung* und andererseits *Herabwürdigung* bedeutet, und dann sollte man weder Lobpreisung noch Herabwürdigung üben, sondern einfach nur den Dhamma lehren. Man sollte wissen, was wahrhaftiges Glück ist, und man sollte nach diesem Glück in sich selbst trachten. Auf keinen Fall sollte man heimliche Reden führen, ebenso wenig Reden mit scharfer Zunge. Gut ist es, ohne Hast zu sprechen. Auch sollte man nicht auf lokalem Dialekt bestehen, und man sollte sich nicht über das hinwegsetzen, was man als normalen Sprachgebrauch bezeichnen kann. Soweit die Zusammenfassung meiner Darlegung zur Konfliktfreiheit. Jetzt betrachten wir das im Einzelnen.

Zunächst einmal zu ***Sinnenvergnügen*** und ***Selbstkasteiung***. Das Glück, das mit Sinnesgier verbunden ist, ist niedrig, gewöhnlich, grob, unedel und führt zu Unheil. Solche Suche nach Glück führt zu einem Zustand, der von Leid, Ärger und Verzweiflung begleitet wird, es ist schlicht der falsche Weg. Loslösung vom Trachten nach der Freude, die mit Sinnesgier verbunden ist, ist hingegen der richtige Weg. Auch Selbstkasteiung ist ein Zustand, der von Leid, Ärger und Verzweiflung begleitet wird. Der Mittlere Weg, den ich erfolgreich erprobt habe, vermeidet beide Extreme; er führt zum Frieden, zur höheren Geisteskraft, zur Erleuchtung, zu Nirwana. Es ist eben dieser Edle Achtfache Pfad; nämlich Richtige Ansicht, Richtige Absicht, Richtige Rede, Richtiges Handeln, Richtige Lebensweise, Richtige Anstrengung, Richtige Achtsamkeit und Richtige Sammlung.

Und nun, liebe Mönche, zu Freiheit von Lobpreisung und Herabwürdigung. Ich habe gesagt, ihr sollt einfach nur den Dharma lehren. Das bedeutet, ihr sollt nicht sagen: 'All jene, die nach der Freude durch Sinnesgier trachten, werden Leid, Ärger und Verzweiflung erleben, denn sie haben den falschen Weg eingeschlagen', sondern sagt stattdessen: 'Das Verlangen ist ein Zustand, der mit Leid, Ärger, Verzweiflung und Fieber einhergeht, und es ist der falsche Weg', wenn ihr dies so formuliert, dann lehrt ihr nur den Dhamma.

Wenn man nicht sagt: 'All jene, die nach Selbstkasteiung trachten, haben den falschen Weg eingeschlagen', sondern stattdessen sagt: 'das ist ein Zustand, der zu Leid, führt, es ist daher der falsche Weg', dann lehrt man nur den Dhamma. Dann enthaltet ihr euch der Herabwürdigung und baut keine unnötige Drohkulisse auf, dann beschreibt ihr einfach nur die Tatsachen.

Also, ihr Mönche: Pauschalisiert nicht und personalisiert nicht, verkündet einfach nur den *Dharma*!

Zum dritten Punkt. Ich hatte gesagt ´Man sollte wissen, was wahrhaftiges Glück ist, und man sollte nach diesem Glück in sich selbst trachten. ` Was meine ich damit? Nun, es gibt da die fünf Arten sinnlichen Vergnügens, das Trachten nach angenehmen Anblicken, schönen Geräuschen, leckerer Speisen, angenehmer Gerüche oder anregender Berührungen. Das sind Wege vergänglichen Glückes, die nicht dauerhaft zu Befriedigung führen. In der Meditation andererseits gibt es diese angenehmen Empfindungen von *Verzückung* und *Glückseligkeit*. Auch diese werden zunächst überwunden, es kommt zu *passadhi*, zu Beruhigung. Diese Beruhigung legt aber die Grundlage der *Entsagung*, des *Loslassens*. Und hier eben erfahren wir eine dauerhafte Glückseligkeit, die Glückseligkeit des Entsagens, die Glückseligkeit der *Abgeschiedenheit*, die Glückseligkeit des Friedens, ja die Glückseligkeit der *Erleuchtung*.

Viertens hatte ich ausgeführt, man solle weder heimlich noch scharfzüngig reden. Warum das? Wenn man von heimlicher Rede weiß, dass sie unwahr ist, dann sollte man sie auf gar keinen Fall führen. Wenn man von heimlicher Rede weiß, dass sie wahr, richtig aber unheilsbringend ist, dann sollte man versuchen, sie nicht zu führen. Wenn man von heimlicher Rede weiß, dass sie wahr, richtig und heilsbringend ist, dann mag man sie führen, aber nur, wenn man den richtigen Zeitpunkt dafür kennt.

Wenn man von scharfer Rede weiß, dass sie unwahr, unrichtig und unheilsbringend ist, dann sollte man sie auf gar keinen Fall führen. Wenn man von unverhüllter scharfer Rede weiß, dass sie wahr, richtig aber unheilsbringend ist, dann sollte man versuchen, sie nicht zu führen. Wenn man von scharfer Rede weiß, dass sie wahr, richtig und heilsbringend ist, dann mag man sie führen, sofern man den richtigen Zeitpunkt dafür kennt."

Ich habe weiterhin gesagt, man sollte ohne Hast sprechen. - Wenn da einer hastig spricht, ermüdet sein Körper und sein Geist wird erregt, seine Stimme überanstrengt sich und sein Hals wird heiser. Außerdem ist Rede von einem, der hastig spricht, undeutlich und schwer zu verstehen. Ihr Mönche, sprecht also ohne jede Hast.

Zum Punkt: `Man sollte nicht auf lokalem Dialekt bestehen, und man sollte sich nicht über normalen Sprachgebrauch hinwegsetzen.´ Warum das? Passt euch euren Zuhörern an, sagt euch einfach: `diese ehrwürdigen Gesprächspartner verwenden diesen Begriff so` und dann verwendet ihn eben auch so, dass ihr verständlich seid. Wenn ihr Fachtermini aus dem Dharma verwendet, dann erklärt sie, definiert sie, aber auf eine Weise, dass euer Zuhörer euch versteht, erläutert es gegebenenfalls mit einem Gleichnis.

Also Mönche, häufig liegt der Grund für Konflikte in der Art der Sprache, die man verwendet. Ich habe euch einige sehr häufige Fehler beim Vermitteln des Dharma aufgezeigt.

Es wäre gut, wenn ihr das von mir Gesagte jetzt den Rest des Tages über reflektiert und untereinander erörtert. Es wäre auch gut, in den nächsten zwei, drei Tagen kleine Gesprächsgruppen zu bilden, in denen ihr einübt, die Fehler zu vermeiden, auf die ich euch aufmerksam gemacht habe. Ich empfehle, dass in jeder solcher Gruppe ein oder zwei der erfahreneren Mönche sein sollten. Macht euch gegenseitig auf das aufmerksam, was noch unvollkommen ist – und bitte: haltet dabei die genannten **Sprachvorsätze** ein!

Die sechs Elemente

Originaltitel: Dhatuvibhanga Sutta - MN 140

Der Buddha befand sich auf einer Wanderung im Land *Maghada* und war gerade in dessen Hauptstadt Rajagaha eingetroffen. Dort ging er zu Bhaggava, einem Töpfer und sagte: "Wenn es dir keine Umstände bereitet, Bhaggava, würde ich gern in deiner Werkstatt übernachten."

Der Töpfer sagte, dass er das schon einem anderen *Hauslosen* zugesagt habe, und so gingen sie zur Werkstatt und fragten den anderen, ob er etwas dagegen habe, wenn ein weiterer dort übernachte. Dieser, ein Mann namens Pukkusati, antwortete: "Die Werkstatt des Töpfers ist groß genug, mein Freund. Der Ehrwürdige bleibe so lange er mag."

*(Der traditionelle **Kommentar** gibt an, dieser Pukkusati sei zuvor der Raja von Takkasila gewesen, einem Nachbarstaat von Maghada. Er sei mit König Bimbisara befreundet gewesen, habe durch diesen von Buddha, Dharma und Sangha gehört, sich daraufhin in die Hauslosigkeit begeben, um den Buddha zu suchen und um Ordination zu bitten. Der Buddha habe das alles mit seinem **himmlischen Auge** gesehen und sich daher auf den Weg nach Rajagaha gemacht, um ihn zu treffen. - Das kann man glauben oder auch nicht.)*

Der Buddha fragte nun seinen Zimmergenossen: "Wer ist dein Lehrer?" Uns erscheint diese Frage gleich zu Beginn der Unterhaltung vielleicht etwas merkwürdig. In Indien ist dies allerdings – zum Teil auch heute noch – eine durchaus übliche

Art, sich mit einander bekannt zu machen, ungefähr so wie man bei uns vielleicht fragen würde: „Und was machen Sie beruflich?"

Pukkusati antwortete auf die Frage nach seinem Lehrer: "Es gibt da den Mönch **Gotama**, von dem es heißt, er sei ein Buddha, zu seinem **Dhamma** bekenne ich mich, ihn sehe ich als meinen Lehrer an."

"Aber, mein Freund, wo hält sich jener **Erhabene** denn auf?"

"Es gibt da, mein Freund, eine Stadt im nördlichen Land, namens Savatthi. Der Erhabene, soll sich – so habe ich gehört - jetzt dort aufhalten."

"Aber, mein Lieber, hast du jenen Erhabenen jemals gesehen? Würdest du ihn erkennen, wenn du ihn sähest?"

"Nein, Freund, ich habe den Erhabenen bislang nie gesehen, und ich würde ihn wohl auch nicht erkennen."

Da bot der Buddha seinem Zimmergenossen an, ihm etwas vom Dharma des Buddha zu lehren, dieser nahm gern an und der Buddha sagte:

"Mein Freund, der Mensch besteht aus sechs Elementen. Da gibt es das Erdelement, das Wasserelement, das Feuerelement, das Windelement, das Raumelement und das Bewusstseinselement.

Weiterhin besteht der Mensch aus **sechs Grundlagen** für Kontakt. Da gibt es die Grundlage des Sehkontakts, die Grundlage des Hörkontakts, die Grundlage des Riechkontakts, die Grundlage des Schmeckkontakts, die Grundlage des Berührungskontakts und die Grundlage des Geistkontakts.

Und dann ist noch zu erwähnen, dass der Mensch aus achtzehn Arten des geistigen Herantretens besteht. Wenn man mit dem Auge eine Form sieht, so kann es sein, dass dies Freude bringt, dass dies Trauer erzeugt oder aber *Gleichmut* hervorbringt. Das, was ich jetzt über den Sehkontakt sagte, gilt sinngemäß für die fünf anderen Formen des Kontaktes ebenso. Das nennt man die achtzehn Arten des geistigen Herantretens.

Und dann gibt es da noch etwas, das der Buddha als die vier Grundlagen bezeichnet. Da gibt es die Grundlage der Weisheit, die Grundlage der Wahrheit, die Grundlage des Verzichts und die Grundlage des Friedens.

Doch zurück zu den Elementen. Das *Erdelement* kann entweder innerlich oder äußerlich sein. Was ist das innere Erdelement? Was immer es an inneren, zu einem selbst gehörenden Dingen, fest, verfestigt und Objekt der Anhaftung ist, also Kopfhaar, Körperhaar, Nägel, Zähne, Haut, Muskelfleisch, Sehnen, Knochen, Knochenmark, Nieren, Herz, Leber, Zwerchfell, Milz, Lunge, Dickdarm, Dünndarm, Magen, Kot oder was es sonst noch an inneren festen Dingen gibt: dies nennt man das innere Erdelement. Sowohl das innere Erdelement, als auch das äußere Erdelement sind einfach nur Erdelement. Und das sollte mit angemessener Weisheit der Wirklichkeit entsprechend gesehen werden: 'Dies ist nicht mein, dies bin ich nicht, dies ist nicht mein Selbst.' So macht man den Geist begierdelos in Bezug auf das Erdelement.

Das *Wasserelement* kann ebenso entweder innerlich oder äußerlich sein. Was ist das innere Wasserelement? Was immer es an inneren, zu einem selbst gehörenden Flüssigkeiten gibt, also Galle, Schleim, Eiter, Blut, Schweiß, Fett, Tränen, Talg, Speichel, Rotz, Gelenkschmiere, Urin oder was sonst noch an inneren, zu einem selbst gehörenden Dingen, flüssig ist: dies nennt man das innere Wasserelement. Sowohl das innere Wasserelement, als auch das äußere Wasserelement sind einfach nur Wasserelement. Und das sollte mit angemessener Weisheit der Wirklichkeit entsprechend gesehen werden: 'Dies ist nicht mein, dies bin ich nicht, dies ist nicht mein Selbst.' So macht man den Geist begierdelos in Bezug auf das Wasserelement.

Auch das *Feuerelement* kann entweder innerlich oder äußerlich sein. Was ist das innere Feuerelement? Was immer an inneren, zu einem selbst gehörenden Dingen feurig ist, also das, wodurch man gewärmt wird, das, was gegessen, getrunken und geschmeckt worden ist, und nun den Körper durch Verbrennungsprozesse erwärmt: dies nennt man das innere Feuerelement. Sowohl das innere Feuerelement, als auch das äußere Feuerelement sind einfach nur Feuerelement. Und das sollte mit angemessener Weisheit der Wirklichkeit ent- sprechend gesehen werden: 'Dies ist nicht mein, dies bin ich nicht, dies ist nicht mein Selbst.' So macht man den Geist begierdelos in Bezug auf das Feuerelement.

Was ist das innere *Windelement*? Was immer an inneren, Dingen windartig ist, also aufsteigende Winde, absteigende Winde, Winde im Bauch, Winde in den Därmen, Winde, die durch die Glieder verlaufen, Einatmung und Ausatmung, oder was sonst windartig ist: dies nennt man das innere Wind- element. Sowohl das innere Windelement, als auch das äußere Windelement sind einfach nur Windelement. Und das sollte mit angemessener Weisheit der Wirklichkeit entsprechend gesehen werden: 'Dies ist nicht mein, dies bin ich nicht, dies ist nicht mein Selbst.' So macht man den Geist begierdelos in Bezug auf das Windelement.

Was ist das innere *Raumelement*? Was immer an inneren, zu einem selbst gehörenden Dingen raumhaft ist, also die Ohrlöcher, die Nasenlöcher, die Mundöffnung und der Verdauungstrakt, oder was es sonst noch an inneren, raumhaften Dingen gibt: dies nennt man das innere Raum- element. Sowohl das innere Raumelement, als auch das äußere

Raumelement sind einfach nur Raumelement. Und das sollte mit angemessener Weisheit der Wirklichkeit entsprechend gesehen werden: 'Dies ist nicht mein, dies bin ich nicht, dies ist nicht mein Selbst.' So macht man den Geist begierdelos in Bezug auf das Raumelement.

Dann bleibt nur noch **Bewusstsein** übrig. Was erfährt man mit jenem Bewusstsein? Man erfährt, 'Dies ist angenehm'; man erfährt, 'Dies ist schmerzhaft'; man erfährt, 'Dies ist weder-schmerzhaft-noch-angenehm.' In Abhängigkeit von einem Kontakt entsteht Gefühl: angenehm, unangenehm oder gleichmütig.

Untersuchen wir jetzt den letztgenannten Begriff, nämlich Gleichmut. Gleichmut ist geläutert und strahlend, geschmeidig, schmiedbar und leuchtend. Angenommen, mein Freund, ein geschickter Goldschmied würde einen Schmelzofen vor-bereiten, etwas Gold mit Zangen nehmen, und es in den Schmelztiegel stecken. Von Zeit zu Zeit würde er darauf blasen, von Zeit zu Zeit würde er Wasser darüber sprenkeln, und von Zeit zu Zeit würde er einfach nur zuschauen. Jenes Gold würde fein werden, gut verfeinert, völlig verfeinert, fehlerlos, frei von Schlacke, geschmeidig, schmiedbar und leuchtend. Was für eine Art von Schmuck er auch immer daraus anfertigen wollte, es würde seinen Zweck erfüllen. Genauso, mein Freund, bleibt dann nur noch Gleichmut übrig, geläutert und strahlend, geschmeidig, schmiedbar und leuchtend.

Ein Weiser formt keinerlei Bedingung und erzeugt keinerlei Willensregung in Richtung Dasein, er strebt nicht nach Dasein. Weil er keinerlei Bedingung formt und keinerlei Willensregung in Richtung Dasein erzeugt, haftet er an nichts in der Welt an. Wenn er nicht anhaftet, ist er nicht aufgeregt. Wenn er nicht aufgeregt ist, erlangt er persönlich Nirwana.

Daraufhin dachte der Ehrwürdige Pukkusati: "Der Lehrer ist wahrhaftig zu mir gekommen! Der vollständig Erleuchtete ist zu mir gekommen, der Buddha selbst!" Dann erhob er sich von seinem Sitz, rückte seine obere Robe auf einer Schulter zurecht, und während er sich mit dem Kopf zu Füßen des Erhabenen niederwarf, sagte er: "Ehrwürdiger Herr, ich war ein Narr, verwirrt und tölpelhaft, als ich den Erhabenen mit 'Freund' anredete. Ehrwürdiger Herr, ich möchte gerne die Ordination unter dem Erhabenen erhalten."

Der Buddha schickte ihn zunächst Roben und eine Almosenschale zu besorgen, wie es sich zu einer Ordination gehörte. Während Pukkusati das tat, tötete ihn eine umherstreunende Kuh. Dies wurde dem Erhabenen berichtet und der sagte: "Ihr Bhikkhus, Pukkusati war weise. Er übte in Übereinstimmung mit dem Dhamma. Mit der Vernichtung der *fünf niedrigeren Fesseln,* ist Pukkusati spontan in den *Reinen Bereichen* wiedererschienen und wird dort Nirwana erlangen, *ohne jemals von jener Welt zurückzukehren.*"

Wie man einen Elefant zähmt

Originaltitel: Dantabhumi Sutta - MN 125

Einmal mehr weilte der Erhabene im Bambushain bei *Rajagaha*, dort wo die Eichhörnchen gefüttert werden. Zur gleichen Zeit saß ganz in der Nähe der Novize Aggivessana in seiner Wald-hütte, wo ihn der Prinz Jayasena aufsuchte, der dafür seinen morgendlichen Waldlauf unterbrach. Der Prinz sprach den Novizen an: "Meister Aggivessana, es wäre gut, wenn Ihr mich den *Dharma* lehren würdet, denn ich habe gehört, dies würde die Konzentrationsfähigkeit erhöhen."

Der Novize, sah sich als nicht kompetent hierzu an und wehrte ab: "Ich kann Euch den Dharma nicht lehren, Prinz, ich kann den Dharma eigentlich nur so wiedergeben, wie ich es gehört und auswendig gelernt habe. Aber wenn ich Euch den Dhamma auf diese Art, nämlich, so wie ich es gehört und auswendig gelernt habe, referieren würde, dann könntet Ihr die Bedeutung meiner Worte nicht verstehen. Das wäre dann nicht hilfreich für Euch und frustrierend für mich."

Doch der Prinz bat erneut darum, und so sagte der Novize Aggivessana Prinz Jayasena den Dhamma auf, so wie er ihn auswendig gelernt hatte. Nachdem er gesprochen hatte, sagte Prinz Jayasena zu ihm: "Nein, nein, es ist völlig unmöglich, Meister Aggivessana, es kann auf keinen Fall vorkommen, dass ein Bhikkhu, der umsichtig, eifrig und entschlossen weilt, einfach dadurch Einspitzigkeit des Geistes erlangen kann." Dann erhob sich Prinz Jayasena von seinem Sitz und verabschiedete sich.

Unzufrieden - und so wie er befürchtet hatte: frustriert mit dem Verlauf dieses Gespräches - suchte der Novize den Buddha auf und erzählte ihm, was vorgefallen war. Doch der Erhabene erklärte ihm, woran es lag, dass der Prinz sich so sperrte, er sagte:

"Aggivessana, wie sollte es denn möglich sein, dass Prinz Jayasena, der inmitten von sinnlichem Vergnügen lebt, der diese Sinnesvergnügen genießt, der ständig von Gedanken an Sinnesvergnügen umhergetrieben wird, dessen Körper vom Fieber nach sinnlichem Vergnügen verbrannt wird, der täglich, ja stündlich von der Suche nach Sinnesvergnügen aufgegeilt ist, wie sollte es denn möglich sein, dass so einer jenes wissen, sehen, verwirklichen oder praktizieren könnte, was einzig durch Entsagung gewusst, was nur durch Entsagung gesehen, was allein durch Entsagung erlangt, was schließlich durch Entsagung verwirklicht werden muss? Nein, mein lieber Aggivessana, das ist doch völlig unmöglich."

Um es an einem Beispiel zu erläutern, Aggivessana, nimm an, es gäbe einen hohen Berg und zwei Freunde, Heiner und Bernd, die würden sich dem Berg nähern. Nachdem sie ihn erreicht hatten, bleibt Heiner unten am Fuß des Berges zurück, während Bernd zum Gipfel klettert. Dann würde Heiner, der am Fuß des Berges zurückblieb, zu Bernd sagen: 'Nun, mein Freund, was siehst du?' Und Bernd würde erwidern: 'Ich sehe liebliche Grünanlagen, wunderschöne Wiesen und in der Sonne funkelnde Teiche.' Darauf ruft Heiner: 'Nein, nein, es ist unmöglich, mein Freund, es kann nicht geschehen, dass du liebliche Grünanlagen, wunderschöne Wiesen und in der Sonne funkelnde Teiche siehst. So etwas ist von hier aus weit und breit nirgends zu sehen.'

Alsdann steigt Bernd vom Berg herunter, nimmt den Freund am Arm und klettert anschließend mit ihm zusammen zum Gipfel.

Nachdem er ihm einige Augenblicke gewährt hatte, um Atem zu schöpfen, fragt er ihn: 'Nun, Heiner, was siehst du, während du auf dem Gipfel des Berges stehst?' Und der würde erwidern: 'Ich sehe jetzt auch liebliche Grünanlagen, wunderschöne Wiesen und in der Sonne funkelnde Teiche.' Auf den Widerspruch zwischen seiner früheren Aussage und der jetzigen aufmerksam gemacht, erklärt Heiner: 'Naja, vorher war dieser riesige Berg im Weg, deshalb konnte ich nicht sehen, was es zu sehen gab.'

"Und ganz genauso ist Prinz Jayasena behindert, gehemmt, blockiert und am Sehen gehindert, von einer noch größeren Masse als der Berg in unserem Beispiel – nämlich von der Masse der Unwissenheit."

"Das verstehe ich", sagte der Novize und forschte weiter, "aber wie muss man es dann erklären, damit es einem anderen, einem Unwissenden, verständlich ist?"

Der Buddha lächelte und sprach: "So wie ich es auch gewöhnlich mache: mit Gleichnissen. Ich gebe dir jetzt ein Beispiel. Angenommen ein König sagt zu seinem Elefantenmeister: 'Besteige den königlichen Elefanten, gehe in den Wald, und fange einen wilden Waldelefanten.' Der Elefantenmeister besteigt also brav den königlichen Elefanten, geht in den Wald, und wenn er einen Waldelefanten sieht, bindet er ihn am Hals des Elefanten des Königs, also an einem seiner Artgenossen an. Der Elefant des Königs führt ihn auf das freie Feld. Auf diese Weise gelangt ein Waldelefant heraus auf das freie Feld; normalerweise giert der Waldelefant nach dem Wald und wäre nicht einfach herausgekommen. Aber die Anwesenheit seines Artgenossen hat ihm in diesem Fall die Angst genommen, oder doch wenigstens das Maß an Sicherheit vermittelt, das nötig war, sich auf das Wagnis, den Wald zu verlassen, einzulassen.

„Dann pflanzt der Elefantenbändiger einen großen Pflock in die Erde und bindet den Waldelefanten daran fest, um seine Erinnerungen und Absichten des Waldlebens zu bezähmen, um sich an die offene Landschaft zu gewöhnen, um seinen Kummer, seine Erschöpfung und seine Verunsicherung über das Verlassen des Waldes zu dämpfen, um ihm allmählich Gewohnheiten einzuschärfen, die zu den Menschen passen."

"Dann richtet sich der Elefantenbändiger an den Elefanten, und zwar mit Worten, die sanft, gefällig und liebenswert sind, die zu Herzen gehen, die höflich sind. Wenn der Waldelefant mit solchen Worten angesprochen wird, hört er zu, passt er genau auf und strengt seinen Geist an, um zu verstehen. Als nächstes belohnt ihn der Elefantenbändiger mit Futter und Wasser. Wenn der Waldelefant das Futter und das Wasser von ihm annimmt, dann weiß der Elefantenbändiger: 'Jetzt wird dieser Elefant am Leben bleiben.'

„Aber damit ist seine Arbeit keineswegs beendet, dann dressiert ihn der Elefantenbändiger so weiter: 'Heb diesen Gegenstand auf, leg ihn dorthin!´ 'Geh vorwärts, geh zurück!' 'Stehe auf, setze dich hin!' Wenn diese Lektion gelungen ist und der Elefant den Befehlen seines Bändigers, aufzustehen und sich hinzusetzen, gehorcht und seine Anweisungen brav befolgt, dann dressiert ihn der Elefantenbändiger in der Aufgabe weiter, die man Unerschütterlichkeit nennt. Er bindet ein riesiges Brett an seinen Rüssel; ein Mann mit einer Lanze in der Hand sitzt auf seinem Nacken; Männer mit Lanzen in der Hand umringen ihn von allen Seiten; und der Elefantenbändiger selbst steht vor ihm und hält einen langen Lanzenschaft. Während der Elefant in der Aufgabe der Unerschütterlichkeit dressiert wird, bewegt er sich nicht. Ein Elefant des Königs muss nämlich in der Lage sein, Speerstiche zu ertragen, Hiebe von anderen Lebewesen, und den donnernden Klang von Trommeln, Pauken und Trompeten.

Nachdem er so geübt ist, ist er des Königs würdig, ist er würdig in den Diensten eines Königs zu stehen."

Genauso, Aggivessana, erscheint da ein Tathagata in der Welt, ein Erwachter. Er lehrt den Dhamma, der gut am Anfang, gut in der Mitte und gut am Ende ist, einem Haushälter mit der richtigen Bedeutung und – ganz wichtig – der richtigen Ausdrucksweise, die für seine Hörer angemessen ist, er enthüllt ein heiliges Leben, das äußerst vollkommen und rein ist."

Ein Haushälter, der auf diese Weise den Dhamma hört, zieht die gelbe Robe an und zieht vom Leben zu Hause fort in die Hauslosigkeit. Auf diese Weise gelangt ein edler Schüler auf das freie Feld; denn Götter und Menschen gieren normalerweise nach den fünf Strängen sinnlichen Vergnügens, so wie ein Waldelefant nach dem giert, was er kennt: dem Waldickicht." (1)

Dann schult ihn der *Tathagata* weiter: 'Komm, *Bhikkhu*, sei sittsam, sei vollkommen im Verhalten, und übe dich, indem du die ethischen Übungsregeln auf dich nimmst.' (2)

Wenn der edle Schüler sittsam ist, vollkommen im Verhalten, dann schult ihn der Tathagata weiter: 'Komm, Bhikkhu, beschütze deine Sinnestore. Wenn du mit dem Auge eine Form siehst, klammere dich nicht an ihre Einzelheiten und ihr gesamtes Erscheinungsbild. Da üble, unheilsame Geisteszustände der Gier und der Trauer in dich eindringen könnten, wenn du den Sehsinn unkontrolliert lässt, übe dich in dessen Kontrolle, beschütze den Sehsinn, beschäftige dich mit der Kontrolle des Sehsinns. Ebenso verfahre mit den anderen Sinnen. (3)

Aggivessana, wenn der edle Schüler dann seine Sinnestore beschützt, schult ihn der Tathagata weiter: 'Komm, Bhikkhu, mäßige dich im Essen. Mit weiser Betrachtung solltest du Nahrung zu dir nehmen, weder zum Spaß, noch zur

Berauschung, noch zur Verschönerung, sondern nur, um diesen Körper am Leben zu erhalten. (4)

Aber auch damit ist noch längst nicht alles getan. Wenn der edle Schüler nämlich im Essen gemäßigt ist, dann schult ihn der Tathagata weiter: 'Komm, Bhikkhu, widme dich der Wachsamkeit. Am Tage läutere deinen Geist beim Auf- und Abgehen und Sitzen von hinderlichen Geisteszuständen. Während der ersten und dritten **Nachtwache** läutere deinen Geist beim Auf- und Abgehen und Sitzen von hinderlichen Geisteszuständen. In der mittleren Nachtwache solltest du dich auf der rechten Seite niederlegen, achtsam und wissensklar, nachdem du dir die Zeit zum Aufstehen eingeprägt hast. (5)

Aggivessana, wenn sich der edle Schüler der Wachsamkeit widmet, dann schult ihn der Tathagata weiter: 'Komm, Bhikkhu, sei von Achtsamkeit und Wissensklarheit erfüllt. Handle wissensklar beim Hingehen und Zurückgehen; handle wissensklar beim Hinschauen und Wegschauen; handle wissensklar beim Beugen und Strecken der Glieder; handle wissensklar beim Essen, Trinken, Kauen und Schmecken; handle wissensklar beim Entleeren von Kot und Urin; handle wissensklar beim Gehen, Stehen, Sitzen, Einschlafen, Aufwachen, beim Reden und Schweigen.' (6)

Wenn der edle Schüler Achtsamkeit und Wissensklarheit besitzt, dann schult ihn der Tathagata weiter: 'Komm, Bhikkhu, ziehe dich an eine abgeschiedene Lagerstätte zurück, jetzt beginnen wir mit der gezielten Meditationspraxis.' Und dann eben beginnt die Übung, die fünf Meditationshindernisse zu überwinden. Wenn er dies gemeistert hat, dann geht es darum, die meditativen Vertiefungen zu erreichen, schließlich gehen wir zu Einsichtspraktiken über. Diese führen letztendlich zum völligen Erwachen, zum Nirwana, zur Heiligkeit. (7)

Aggivessana, wenn der Elefant des Königs gut gezähmt und wohl diszipliniert stirbt, dann wird er als alter Elefant, der einen gezähmten Tod gestorben ist, betrachtet. Genauso, Aggivessana, wenn ein Bhikkhu mit vernichteten Trieben stirbt, dann ist er als Heiliger gestorben."

Das ist es, was der Erhabene sagte. Der Novize Aggivessana war zufrieden und entzückt über die Worte des Erhabenen. Er wusste jetzt nicht nur, wie er mit Leuten umzugehen hat, die ihn um Rat fragen, er hatte auch eine ihm selbst angemessene Belehrung über die Schritte bekommen, die ihn befähigen, schließlich eine angemessene Meditationspraxis aufzubauen.

Nachbemerkung:

Und auch für uns ist das hilfreich, denn wenn wir mit unserer Meditationspraxis unzufrieden sind, dann liegt das vermutlich darin, dass wir die vorbereitenden Schritte nicht hinreichend eingeübt haben. Praxis ist keineswegs nur die Meditation. Diese gelingt vielmehr nur dann, kann nur dann einigermaßen vollkommen sein, wenn alle vom Buddha dargelegten vorbereitenden Schritte unternommen wurden. Der Buddha hatte sieben solcher vorbereitender Schritte erläutert, nämlich:

1. *Die Zufluchtnahme, die Absicht den Dharma wirklich in den Mittelpunkt des Mandalas unseres Lebens zu stellen – und eben nicht das Sinnesvergnügen.*

2. *Die ethischen Vorsätze einzuhalten und umzusetzen.*

3. *Die Sinnestore zu zügeln, also nicht das Augenmerk auf das zu richten, was zu Gier, zu Hass oder zu falschen Projektionen (Verblendung) führt.*

4. *Mäßigung beim Essen.*

85

5. *Achtsamkeit und ein klarer Tagesablauf, auch für die Nacht.*

6. *Achtsamkeit und Wissensklarheit bei allen unseren Handlungen.*

7. *Nach dieser Vorbereitung, die insgesamt das Pfadglied „Ethik" der Dreifachen Pfades (Ethik – Meditation - Weisheit) ausmacht, kann mit der gezielten Meditationspraxis erfolgreich begonnen werden. An diese schließt sich dann die Entfaltung der Weisheit an.*

Auf diese Weise baut eine Stufe des Pfades auf der jeweils vorhergehenden auf. An anderer Stelle nennt dies der Buddha eine „gestufte Ausbildung in modularen Einheiten".

Wie viele Heilige gibt es?
Mahavacchagotta Sutta - MN 73

Der Erhabene weilte an einem seiner Lieblingsplätze, dem Eichhörnchen-Futterplatz im Bambushain bei **Rajagaha**, als ihn der Wanderasket Vacchagotta aufsuchte. Dieser unabhängige spirituelle Sucher, der früher einer anderen spirituellen Gemeinschaft angehörte, hatte sich schon verschiedentlich an den Buddha gewandt. So war er von einem Skeptiker zunächst zum Sympathisanten der Bewegung des Buddha geworden und schließlich sogar zum Laienanhänger (vgl. die Geschichte MN 72 "Der Buddha ist wie das Feuer" in diesem Band).

Der Wanderasket sprach den Buddha an: "Seit langem habe ich erbauliche und für mich sehr hilfreiche Gespräche mit dem Erhabenen gehabt. Es wäre gut, wenn mich der Erhabene das Heilsame und das Unheilsame lehren würde."

Und der Buddha erläuterte ihm:

- "Gier ist unheilsam, Großzügigkeit ist heilsam.
- Hass ist unheilsam, Metta (liebende Güte) ist heilsam.
- Verblendung ist unheilsam, Erkenntnis der Dinge, wie sie wirklich sind, ist heilsam.
- Töten von Lebewesen ist unheilsam, Freundlichkeit ist heilsam.
- Nehmen, was nicht gegeben wurde, ist unheilsam; geben, was benötigt wird, ist heilsam.
- Sexuelle Ausbeutung ist unheilsam; Stille, Schlichtheit und Genügsamkeit sind heilsam.
- Lügen ist unheilsam, die Wahrheit sagen ist heilsam.
- Gehässige Rede ist unheilsam, freundliche Rede ist heilsam.

- Grobe Rede ist unheilsam, differenzierte Ausdrucksweise ist heilsam.
- Geschwätzigkeit ist unheilsam, Schweigen ist heilsam.
- Habgier ist unheilsam, Teilen ist heilsam.
- Übelwollen ist unheilsam, Unterstützung im Guten ist heilsam.
- Falsche Ansicht ist unheilsam, die Wahrheit erkennen ist heilsam."

Während der Buddha sprach, schaute Vacchagotta zunächst ernst und angespannt, je länger er aber zuhörte, desto entspannter und heiterer wurde sein Gesicht. Was er hörte, leuchtete ihm unmittelbar ein.

Und so stellte er eine weitere Frage, es ging um etwas, was ihn schon lange beschäftigt hatte, nämlich: „Gibt es außer Euch, Meister Gotama, noch irgendeinen *Bhikkhu*, der das große Ziel, die Befreiung, die Vernichtung der Triebe, die Vollkommenheit, erreicht hat?"

Nun heiterte sich auch das Gesicht des Buddha sichtlich auf, denn er freute sich zu versichern: "Vaccha, es gibt nicht nur hundert oder zwei- oder drei- oder vier- oder fünfhundert, sondern weit mehr Bhikkhus, die die Befreiung, die Vernichtung der Triebe, die Vollkommenheit erreicht haben, die Heilige geworden sind".

Jetzt hatte Vacchagotta Feuer gefangen, er wollte es genau wissen. Und so fragte er, ob dies nur Männern möglich sei, oder auch Frauen.

"Gibt es außer Euch, Meister Gotama, und den Bhikkhus, die das große Ziel, die Befreiung, erreicht haben, vielleicht auch eine *Bhikkhuni*, die das erreicht hat?"

Und lächelnd versicherte der Buddha: "Vaccha, es gibt nicht nur hundert oder zwei- oder drei- oder vier- oder fünfhundert, sondern weit mehr Bhikkhunis, die die Befreiung erreicht haben, die Heilige geworden sind".

Der Asket fragte weiter: "Und wie ist es mit **Nichtwiederkehrern**, gibt es unter den Laienanhängern, welche dieses Ziel erreicht haben, die also nicht wieder in dieser Welt geboren werden?"

Und wieder gab der Buddha die gleiche Antwort. Dabei muss man wissen, dass „mehr als 500" im damaligen Sprachgebrauch bedeutete: „eine sehr große Zahl, auf jeden Fall Hunderte". Mit Nichtwiederkehrern sind diejenigen gemeint, die die ersten **fünf Fesseln** (von zehn) gebrochen haben, die einen an dieses Leben binden.

Dann fragte der Asket auch noch nach **Stromeingetretenen** unter den Laienanhängern und abermals erhielt er die gleiche Antwort. Schließlich wollte er die letzten beiden Punkte auch noch für Laienanhängerinnen geklärt haben, die Antwort des Buddha blieb jeweils gleich.

Daraufhin sagte Vacchagotta: "Meister Gotama, wenn nur Ihr in dieser Praxis erfolgreich gewesen wäret, aber keiner Eurer Gefolgsleute, wäre ich äußerst skeptisch gewesen, aber was Ihr mir jetzt gesagt habt, ist umwerfend. So wie sich der Gangesfluss auf das Meer zubewegt, so bewegt sich auch Meister Gotamas Gefolge mit all den Hauslosen und Haushältern auf das **Nirwana** zu. Großartig, Meister Gotama! Und so, wie diese Eure Schüler tun, so will ich auch tun, ich bitte um Ordination."

Der Buddha wies ihn auf eine Regel seines Ordens hin: "Vacchagotta, du warst Angehöriger einer anderen spirituellen Richtung. In meiner Gemeinschaft gibt es die Regel, dass Konvertiten aus anderen spirituellen Gemeinschaften eine viermonatige Probezeit ablegen müssen. Die Bhikkhus beobachten ihn in dieser Zeit, und wenn sie zufrieden sind, wird derjenige dann ordiniert. Dies ist keine ganz strenge Regelung mit den vier Monaten, wir machen mitunter auch Ausnahmen."

"Wunderbar Erhabener, dann bitte ich um eine Ausnahme. Man möge mich nicht vier Monate begutachten, sondern vier Jahre. Wenn die Bhikkhus dann mit mir zufrieden sind, möchte ich ordiniert werden."

Der Buddha nahm dieses Ansinnen mit Wohlgefallen auf. Vacchagotta, praktizierte vier Jahre lang als Novize, dann erhielt er die volle Ordination. Und zwei Wochen nach seiner Ordination kam er zum Buddha und beschrieb, was er erlebt hatte. Daraufhin stellte der Erhabene fest, dass Vacchagotta zum Nichtwiederkehrer geworden war, und er gab ihm zwei weitere Anweisungen: er solle Samatha- und Vipassana-Praktiken machen.

Nicht lange danach, nachdem er in Einzelklausur intensiv praktiziert hatte, erreichte er das höchste Ziel. Er war ein Arahant geworden, ein weiterer Heiliger. Und der Buddha verkündete: "Bhikkhu Vacchagotta hat das dreifache Wissen erlangt und hat außerdem große übernatürliche Fähigkeiten erreicht."

Zur Kastenfrage

Originaltitel: Kannakatthala Sutta – MN 90
und Esukari Sutta – MN 96

Bekanntlich gab es im alten Indien das Kastenwesen, eine strenge Einteilung in verschiedene Bevölkerungsgruppen ohne jede Durchlässigkeit. Die **Kaste** bestimmte, wer du bist und welche Rechte und Pflichten du hast. Diese Apartheitsregelung hatte die hinduistische Priesterschaft geschaffen, u. a. um eine rassische Vermischung der eingewanderten arischen Ober- schicht mit der indigenen Bevölkerung Indiens zu verhindern. Solche Tabus funktionieren am besten, wenn man sie als göttliche Ordnung darstellt. Also beriefen sich die **Brahmanen**, die hinduistischen Priester, auf die Veden, die heiligen Schriften der Hindus, um diese Einteilung zu rechtfertigen, die bis auf den heutigen Tag in Indien von starkem Einfluss ist. Selbst- verständlich war auch der Buddha mit dieser Realität konfron- tiert. Natürlich musste er sich dabei vorsichtig äußern, zum Beispiel wenn sein Gesprächspartner ein Herrscher war, so zum Beispiel einmal, als sich der Erhabene im Kannakatthala Hirschpark bei Ujunna befand.

Die Schwestern Soma und Sakula, beide waren Frauen von König **Pasenadi**, hörten, dass der König nach dem Frühstück den Erhabenen aufsuchen wollte, so gingen sie zu Pasenadi und sagten: "Majestät, bringt doch bitte dem Erhabenen in unserem

Namen mit dem Haupte zu seinen Füßen die Huldigung dar und fragt ihn nach seinem Befinden".

Der tat das dann auch, was den Buddha zu der Frage veranlasste: "Aber großer König, konnten denn die Schwestern Soma und Sakula keinen anderen Boten finden?"

Der erklärte, dass er sowieso zum Erhabenen kommen wollte und dass er ihnen daher diesen Gefallen nicht abschlagen wollten. Sie kamen ins Gespräch im Laufe dessen es auch um die Kastenfrage ging. König Pasenadi fragte: "Es gibt vier Kasten, die Adligen, die Brahmanen, die Händler und die Arbeiter. Gibt es irgendeinen Unterschied zwischen ihnen?"

Das war in der Tat eine interessante Frage, ging es doch im Kern um das, was wir heute als die rechtliche Gleichstellung aller Menschen ansehen. Aber die Frage stellte gleichzeitig die indische Rechtsordnung in Frage, denn diese beruhte auf dem Kastensystem. Andererseits beruhte auch Pasenadis Herrschaftsanspruch auf diesem System, denn nur Adlige konnten Herrscher werden.

Der Buddha antwortete zunächst - man kann es ruhig so sagen - ausweichend: "Es gibt vier Kasten, großer König, die Adligen, die Brahmanen, die Händler und die Arbeiter. Zwei von ihnen, die Adligen und die Brahmanen werden für überlegen gehalten, die Menschen huldigen ihnen und erweisen ihnen die Ehre."

Aber der König war mit dieser Antwort nicht zufrieden, er bohrte nach: "Es gibt vier Kasten, die Adligen, die Brahmanen, die Händler und die Arbeiter. Gibt es irgendeinen Unterschied zwischen ihnen - oder sind alle Menschen gleich?"

"Großer König, es gibt diese fünf Kampfesglieder (padhaniy'anga):

- Da ist erst einmal *saddha,* Vertrauen. Wer diese Fähigkeit hat, vertraut dem *Dharma*, der Lehre, und dem Buddha, dem Lehrer.
- Dann braucht er gute Gesundheit, damit er die Anspannung des Bemühens *(vayama)* ertragen kann.
- Dann braucht er Aufrichtigkeit, mit der er sich seinem Lehrer und seinen Gefährten im heiligen Leben präsentiert.
- Weiterhin ist **viriya**, Energie und Tatkraft im Verfolgen des Guten und dem Überwinden unheilsamer Geisteszustände nötig.
- Und schließlich braucht er Weisheit *(pañña),* um das Entstehen in Abhängigkeit von Bedingungen zu verstehen.

Wenn man diese fünf Kampfesglieder besitzt, dann ist man anderen überlegen, von daher kann man sagen, dass nicht alle Menschen gleich sind."

"Erhabener, das bedeutet aber, wenn ich es richtig verstanden, habe, dass wer diese Kampfesglieder hat, denen überlegen ist, die sie nicht haben, völlig unabhängig von der Kastenzugehörigkeit."

"Hier sage ich, großer König, dass es in dieser Hinsicht zwischen ihnen keine Unterschiede gibt, das heißt zwischen der Befreiung des einen und der Befreiung der anderen."

Auf diese Art hatte der Buddha deutlich gemacht, dass das Kastensystem zwar im weltlichen Bereich Indiens eine Rolle spielte, weil es akzeptiert wird, in spiritueller Hinsicht jedoch nicht. Außerdem machte er auch deutlich, dass nicht alle Menschen gleich sind, da sie unterschiedliche Fähigkeiten aufweisen, unterschiedliche Fähigkeiten, an denen man aber arbeiten kann, wenn man weise ist und die Bedingungen schafft, dass diese sich entwickeln.

Ein anderes Mal ging es um die Kastenfrage, als ein Brahmane sich mit dem Buddha unterhielt. Zu dieser Zeit hielt sich der Erhabene in **Anathapindikas Bhikkhuheim** im **Jeta-Hain** bei **Savatthi** auf. Der Brahmane Esukari besuchte den Buddha und man tauschte die üblichen Begrüßungsfloskeln aus.

Dann setzte sich Esukari seitlich nieder und sagte: "Meister **Gotama**, die **Brahmanen** schreiben vier Ebenen des Dienens vor. Sie schreiben vor, wie und wem ein Brahmane dienen soll, sie schreiben vor, wie und wem ein Adliger dienen soll, sie schreiben vor, wie und wem ein Händler dienen soll, und sie schreiben vor, wie und wem ein Arbeiter dienen soll. Die Leute der ersten drei Kasten dürfen, jeder auf seine Art, den anderen dienen und von ihnen bedient werden. Aber einem Arbeiter darf nur ein anderer Arbeiter dienen. Was sagt Meister Gotama dazu?"

"Nun, Brahmane, hat alle Welt die Brahmanen dazu ermächtigt, diese vier Ebenen des Dienens vorzuschreiben?" - "Nein, Meister Gotama."

"In diesem Fall handelt es sich bei der Vorschrift um Nötigung. - Ich sage nicht, Brahmane, dass allen gedient werden sollte, und ich sage auch nicht, dass keinem gedient werden sollte. Vielmehr sage ich: wenn jemand, wenn er einem anderen dient, nicht schlechter wird, dann sollte er einem anderen dienen, wenn er dadurch schlechter wird, dann eben nicht.

Ich sage auch nicht, dass einer besser ist, weil er aus einer aristokratischen Familie stammt, oder dass er deswegen schlechter ist. Ebenso wenig, dass er schlechter oder besser ist, weil er Schönheit oder Reichtum besitzt. Entscheidend ist nicht, was er ist oder hat, sondern wie er sich verhält, also:

- Tötet er Lebewesen oder steht er davon ab?

94

- Nimmt er, was ihm nicht gegeben wurde, oder unterlässt er das?
- Schwelgt er in Sinnenvergnügen zum Nachteil anderer oder nicht?
- Redet er falsch, boshaft, grob, schwatzhaft oder unterlässt er das?
- Hat er ein Herz voller Übelwollen oder voller Wohlwollen?
- Hat er falsche Ansichten, also solche, die mit der Realität im Konflikt stehen, oder nicht?"

Danach sagte der Brahmane Esukari zum Buddha: "Meister Gotama, weiterhin schreiben die Brahmanen vier Arten von Lebensaufgaben vor, nämlich den Brahmanen den Almosengang, den Adligen das Handwerk mit Pfeil und Bogen, den Händlern Ackerbau und Viehzucht und den Arbeitern die Schultertrage und die Sichel. Was sagt Meister Gotama dazu?"

"Nun, Brahmane, hat alle Welt die Brahmanen dazu ermächtigt, diese vier Ebenen des Dienens vorzuschreiben?" - "Nein, Meister Gotama."

"In diesem Fall handelt es sich auch bei dieser Vorschrift um Nötigung. Ich hingegen verkünde eine andere Art von Lebensaufgabe: das überweltliche *Dharma* ist die ureigene Lebensaufgabe des Menschen.

Wenn irgendjemand aus einer Arbeiterfamilie in die *Hauslosigkeit* zieht, wenn er sich dem enthält, Lebewesen zu töten, zu nehmen, was nicht gegeben wurde, Fehlverhalten bei Sinnesvergnügen zu üben, falsche Rede zu führen, gehässige Rede zu führen, grobe Rede zu führen oder zu schwätzen, und wenn er nicht habgierig ist, ein Herz ohne Übelwollen hat und richtige Ansicht hegt, dann ist er einer, der den edlen Pfad geht, der den Dharma übt, das heilsam ist. Was meinst du Brahmane, ist nur ein Brahmane dazu fähig, ein Herz voller Liebender Güte

95

zu entfalten und ein Adliger, ein Händler und ein Arbeiter nicht?"

"Nein, Meister Gotama, das überzeugt mich. Es ist als hätte jemand Licht in die Dunkelheit gebracht. Ich nehme hiermit Zuflucht zu Buddha, Dharma und Sangha. Möge mich der Meister Gotama als Laienanhänger annehmen."

Nachwort

Das, was der Buddha darlegte, gilt natürlich nicht nur für die in Indien virulente Kastenfrage, sondern für alle menschen-gemachte Einteilungen in Gruppen, z. B. die Rassenfrage, die Geschlechterfrage, die Klassenfrage, die Frage der Religions-zugehörigkeit oder welche Einteilung sich der menschliche Geist auch immer ausgedacht hat.

*An anderer Stelle hat der Buddha es einmal sehr deutlich ausgedrückt: „Es ist nicht entscheidend, wo du herkommst, sondern, wo du hingehst." Damit ist gemeint: dein Verhalten bestimmt deine Zukunft, insbesondere in spirituellen Dingen, im Training des menschlichen Geistes. Wer die **metta bhavana** übt, die Meditation liebender Güte, der schreitet spirituell voran. Wer Hasspredigern lauscht, verhält sich spirituell kontra-produktiv.*

Zehn Richtige Eigenschaften

Originaltitel: Samanamandika Sutta - MN 78

Zu dieser Zeit hielt sich der Erhabene in *Anathapindikas Bhikkhuheim* im *Jeta-Hain* bei *Savatthi* auf. Und auch der Wanderasket Uggahamana Samanamandikaputta war damals in Savatthi in einer Halle in der Tinduka-Plantage in Mallikas Park. Er hatte über 300 Wanderasketen bei sich, um in dieser Halle philosophische Debatten zu führen.

Der Zimmermann Pancakanga verließ an diesem Tag gegen Mittag die Stadt, um den Erhabenen zu besuchen, allerdings fragte er sich, ob es nicht noch zu früh am Tage für einen solchen Besuch sei, und so kam ihm die Idee, in der Halle mit den Wanderasketen vorbeizuschauen.

Diese unterhielten sich sehr laut und undiszipliniert über alle möglichen sinnlosen Dinge, wie Könige, Räuber, Schlachten, Getränke, Frauen, die Toten, Unbedeutendes, den Ursprung der Welt usw. Als Uggahamana den Zimmermann Pancakanga kommen sah, gebot er jedoch seinen Anhängern zu schweigen, indem er sagte: "Seid still, da kommt der Zimmermann Pancakanga, ein Schüler des Mönchs Gotama, der die Stille verehrt. Wenn wir schweigsam sind, kommt Pancakanga vielleicht herein."

Diese Überlegung hatte Erfolg, und Zimmermann Pancakanga und Uggahamana tauschten die üblichen höflichen Begrüßungen aus.

Dann sagte der Asket: "Zimmermann, wenn ein Mann vier Eigenschaften besitzt, beschreibe ich ihn als einen Vollkommenen, der das Höchste erreicht hat. Welche vier?

- Er begeht keine üblen körperlichen Handlungen.
- Er führt keine üble Rede.
- Er hat keine üblen Absichten.
- Er verdient seinen Lebensunterhalt nicht auf üble Weise."

Das erschien dem Zimmermann Pancakanga recht vernünftig. Da er aber ein vorsichtiger Mann war, entschloss er sich, zum Buddha zu gehen und ihn nach dessen Meinung zu fragen.

Dort angekommen schilderte er das Vorgefallene. Der Buddha sagte: "In der Tat ist es gut, sich nach diesen vier Grundsätzen zu verhalten. Aber Uggahamanas Aussage, dies würde einen Vollkommenen ausmachen, greift zu kurz. Wenn dem so wäre, dann wäre jeder Säugling schon am ersten Tag seines Lebens ein Vollkommener, der das Höchste erreicht hat.

Wenn wir aber untersuchen wollen, ob ein Mann unangenehme Eigenschaften hat, dann betrachten wir seine Angewohnheiten: sind diese unangenehm? Was aber sind unangenehme Angewohnheiten? Es sind unheilsame körperliche Handlungen, unheilsame sprachliche Handlungen und eine üble Lebensweise. Und wo entspringen diese Angewohnheiten? Im *Herzen*. Und wie ist das *Herz* eines Menschen, der diese üblen Angewohnheiten hat? Es ist von Begierde, Abneigung und Verblendung beeinflusst. Diese gilt es also zu überwinden.

Wie aber überwindet man dieses Fehlverhalten so, dass unheilsame Angewohnheiten ohne Überbleibsel aufhören? Nun, dies geschieht durch die Vier Rechten Bemühungen:

- Da arbeitet ein *Bhikkhu* eifrig daran zu verhindern, dass noch nicht entstandene unheilsame Geisteszustände entstehen.
- Er arbeitet eifrig daran, bereits entstandene unheilsamen Geisteszustände zu überwinden.
- Er arbeitet eifrig daran, noch nicht entstandene heilsame Geisteszustände zu entwickeln.
- Er arbeitet eifrig daran, bereits entstandene heilsame Geisteszustände zu pflegen.

Dies, werter Zimmermann, nennt man die Vier Rechten Bemühungen: Verhindern, Entwickeln, Überwinden, Pflegen. So entwickelt man heilsame Absichten und bekämpft unheilsame.

Und jetzt kommen wir noch einmal auf die Eigenschaften eines Vollkommenen zurück. Ich sage, wer erfolgreich so geübt hat, der hat nicht vier richtige Eigenschaften, sondern zehn richtige Eigenschaften, dann ist er ein Vollkommener, einer, der das Höchste erreicht hat, nämlich diese

Zehn Richtigen Eigenschaften:

1 Er besitzt die Richtige Ansicht dessen, der die Schulung gemeistert hat.
2 Er besitzt die Richtige Absicht dessen, der die Schulung gemeistert hat.
3 Er besitzt die Richtige Rede dessen, der die Schulung gemeistert hat.
4 Er besitzt das Richtige Handeln dessen, der die Schulung gemeistert hat.
5 Er besitzt die Richtige Lebensweise dessen, der die Schulung gemeistert hat.
6 Er besitzt die Richtige Bemühung dessen, der die Schulung gemeistert hat.

7 Er besitzt die <u>Richtige Achtsamkeit</u> dessen, der die Schulung gemeistert hat.

8 Er besitzt die <u>Richtige Sammlung</u> dessen, der die Schulung gemeistert hat.

9 Er besitzt das <u>Richtige Wissen</u> dessen, der die Schulung gemeistert hat.

10 Er besitzt die <u>Richtige Befreiung</u> dessen, der die Schulung gemeistert hat.

Dieses sind die Zehn Richtigen Eigenschaften, und sie entstehen alle, indem man die Schulung meistert, die Schulung der Vier Rechten Bemühungen."

Das ist es, was der Erhabene sagte. Der Zimmermann Pancakanga aber war glücklich, dass sein Lehrer den Dingen viel besser auf den Grund ging als der Wanderasket Uggahamana.

Nachbemerkung

Wenn wir uns diese Zehn Richtigen Eigenschaften ansehen, können wir feststellen, dass die ersten acht davon identisch sind mit dem Edlen Achtfältigen Pfad. Dies bezeichnet man als den „Pfadmoment", das, was zu üben ist, um ein bestimmtes Ziel zu erreichen, in diesem Fall: **Nirwana.**

Was ist dann aber mit den anderen beiden Eigenschaften? Nun, diese bezeichnen den „Fruchtmoment", also das, was durch den Pfad zu erreichen ist, das Ziel. Nirwana eben zeichnet sich durch Vollkommenes Wissen (Verstehen) und durch Befreiung aus.

Das heißt nun aber nicht, dass der Befreite die anderen Eigenschaften, die die Pfadglieder bezeichnen, hinter sich gelassen hat. Nein, er wird sich weiter so verhalten. Er muss diese allerdings nicht mehr üben, denn sie sind zu seiner Natur geworden. Daher endet für einen Vollkommenen, für einen Erwachten, für einen Buddha die Beschreibung der Zehn

Eigenschaften immer mit dem Zusatz „der die Schulung gemeistert hat". Ein Meister muss nicht mehr üben, ein Meister handelt einfach in seinem Verhalten vollkommen, eben „meisterlich".

Die Tabelle auf der nächsten Seite fasst das nochmal zusammen.

Zehn richtige Eigenschaften			
	Eigenschaft	Pfad oder Ziel?	Ebene
1	Richtige Ansicht	Pfad	Geist
2	Richtige Absicht	Pfad	Geist
3	Richtige Rede	Pfad	Sprache
4	Richtiges Handeln	Pfad	Körper
5	Richtige Lebensweise	Pfad	Körper
6	Richtige Bemühung	Pfad	Körper + Geist
7	Richtige Achtsamkeit	Pfad	Geist
8	Richtige Sammlung	Pfad	Geist
9	Richtiges Wissen	Ziel	Geist

Die ersten acht Eigenschaften betreffen die acht Baustellen, an denen wir auf dem Edlen Achtfältigen Pfad zu arbeiten haben, die letzten beiden beschreiben das Ziel. Die richtigen Eigenschaften wirklich verinnerlicht hat nur die Person, die die Schulung wirklich gemeistert hat.

Vier Arten von Menschen
Originaltitel: Kandaraka Sutta - MN 51

So habe ich gehört. Einst weilte der Erhabene zusammen mit einer großen Sangha bei Campa am Ufer des Gaggara-Sees. Da kamen Pessa, der Sohn des Elefantenführers, setzte sich seitlich nieder, sowie Kandarka, der Wandersasket, und stellte sich seitlich hin. Es wurden die üblichen höflichen Grußformeln ausgetauscht.

Der Buddha sagte: "In dieser *Sangha* gibt es *Arahats*, Heilige, die ihre Triebe vernichtet haben und alles erreicht haben, was zu erreichen ist. Und in dieser Sangha gibt es *Bhikkhus* in der höheren Schulung, die ein Leben in Ethik und in scharfsinniger Analyse führen. Sie verweilen, weil sie ihr Herz in den vier Grundlagen der Achtsamkeit verankert haben, in der Achtsamkeit auf den Körper, der Achtsamkeit auf die Empfindungen, in der Achtsamkeit auf den Geist und in der Achtsamkeit auf die Objekte, mit denen sich der Geist beschäftigt. So verweilen sie völlig achtsam und wissensklar, nachdem sie Habgier und Trauer abgelegt haben."

Darauf sagte Pessa, der Sohn des Elefantenführers: "Ehrwürdiger Herr, von Zeit zu Zeit verweilen auch wir weißgekleideten Laienanhänger, indem wir unser Herz gut in diesen vier Grundlagen der Achtsamkeit verankert haben. Andererseits sind viele Menschen verschlagen, nur das Tier ist offen, meine Elefanten zum Beispiel zeigen ihre Emotionen offen und unverhohlen."

"So ist es," sagte der Buddha, "Menschen sind oft verschlagen, aber das Tier ist offen. Weißt du Pessa, es gibt vier Arten von Personen in der Welt. Welche vier? Da quält eine Person sich selbst, sie ist ein Selbstfolterer. Eine andere Person verfolgt die Praxis andere zu quälen, sie foltert andere. Und wieder eine andere Art von Person quält sowohl sich selbst als auch die anderen. Und schließlich gibt es eine Sorte von Menschen, die sich weder selbst foltert, noch andere quält. Eine solche Person ist hungerfrei, ihre Triebe sind erloschen, sie ist ganz cool. Welche dieser vier Arten von Personen stellt dein *Herz* zufrieden, Pessa?"

Dieser antwortet: "Die ersten drei Arten von Personen stellen mein Herz nicht zufrieden, nur die vierte."

Der Buddha fragt weiter: "Aber Pessa, warum stellen die ersten drei Arten von Personen dein Herz nicht zufrieden?" Pessa gibt die richtige Antwort auf diese rhetorische Frage, ergänzt jedoch: "Und jetzt, ehrwürdiger Herr, nehmen wir Abschied. Wir sind beschäftigt und haben viel zu tun."

Der Buddha sagt: "Es ist an der Zeit, das zu tun, was du für richtig hältst." Und als Pessa gegangen ist, wendet er sich an die Mönche: "Pessa hat weise geantwortet. Wenn er noch eine Weile sitzen geblieben und zugehört hätte, hätte er großen Nutzen aus unserem Gespräch gehabt."

Da baten ihn die Mönche: "Jetzt ist es an der Zeit, Erhabener, dass Ihr uns diese vier Arten von Personen in allen Einzelheiten erklärt."

"Dann, werte Mönche, hört zu und verfolgt aufmerksam, was ich sagen werde."

Als erstes erklärt der Buddha, denjenigen, der sich selbst quält. Er erläutert die extremen Formen von Askese, die zu jener Zeit bei religiösen Suchern in Indien üblich waren. Danach kommt er auf die zweite Art von Personen zu sprechen:

"Welche Art von Person, ihr Bhikkhus, quält andere und verfolgt die Praxis andere zu foltern? Da ist eine bestimmte Person ein Schafschlachter, ein Schweineschlachter, ein Geflügelschlachter, ein Fallensteller, ein Jäger, ein Fischer, ein Dieb, in Henker, ein Gefängniswärter oder jemand, der einem anderen derart grausamen Beruf nachgeht. Dies nennt man die Art von Person, die andere quält und die Praxis, andere zu foltern, verfolgt." (Das fett und kursiv geschriebene Zitat ist wörtlich übernommen aus der Übersetzung von Mettiko Bhikkhu. Die übrigen Beschreibungen sind sehr viel länger und umständlicher beschrieben, daher in meiner Nacherzählung gekürzt und in zeitgemäßere Sprache übernommen.)

"Welche Art von Person quält sich selbst und quält auch andere? Da ist einer ein Herrscher oder ein anderer angesehener und einflussreicher Mann, und er entscheidet: So und so viele Rinder sollen getötet werden, so und so viele Ziegen sollen getötet werden, so und so viele Bäume sollen gefällt werden. Und dann treibt er seine Sklaven, Dienstboten und Angestellten an, die weinend und mit angsterfülltem Gesicht angetrieben von der Furcht vor Strafe und voller Angst die Arbeit erledigen. Dies nennt man die Art von Person, die sich selbst und andere quält."

"Und dann gibt es noch die Art von Person, die sich nicht selbst quält und auch andere nicht quält. Da geht eine Person in die Hauslosigkeit, hat das Leben eines Bhikkhus aufgenommen, er enthält sich davon Lebewesen zu töten; Stock und Waffen hat er beiseite gelegt, sanft und freundlich lebt er voller Mitgefühl für alle Lebewesen. Er enthält sich, das zu nehmen, was ihm nicht gegeben wurde. Er lebt in Keuschheit. Er enthält sich davon, die Unwahrheit zu sagen. Er enthält sich davon, gehässig zu sprechen. Er verbreitet nicht woanders, was er hier gehört hat, um die Menschen zu entzweien, er äußert vielmehr Worte, die Eintracht stiften. Er enthält sich der Schwatzhaftigkeit. Er enthält sich davon, Saatgut und Pflanzen zu beschädigen. Er enthält sich des Tanzens, Singens und Musizierens und des Besuchs von Theateraufführungen. Er enthält sich davon, Schmuck zu tragen, sich mit Parfum herauszuputzen und sich mit Kosmetik zu verschönern. Er enthält sich davon, Gold und Silber anzunehmen. Er enthält sich davon, Frauen und Mädchen anzunehmen. Er enthält sich davon, Ziegen und Schafe anzunehmen. Er enthält sich davon, Felder und Ländereien anzunehmen. Er enthält sich des Kaufens und Verkaufens. Er enthält sich des Schwindelns, Täuschens, Betrügens und der Hinterlist.

Er begnügt sich mit Roben, um seine Körper zu schützen und mit Almosenspeise. So wird er einer der wissensklar handelt beim Gehen, Essen, Trinken, Kauen, Schmecken, der wissensklar handelt beim Entleeren von Kot und Urin, der wissensklar handelt beim Stehen, Sitzen, Einschlafen, Aufwachen, Reden und Schweigen.

So überwindet er Habgier, Übelwollen und Hass, Trägheit und Mattheit, Rastlosigkeit und Gewissensunruhe ebenso wie Zweifel. Nachdem er diese Hindernisse überwunden hat, erlangt er die erste meditative Vertiefung, die zweite Vertiefung, die dritte und die vierte Vertiefung, die man das Weilen in Gleichmut nennt.

Wenn sein gesammeltes Herz auf diese Art geläutert ist, erinnert er sich an viele frühere Leben mit ihren Aspekten und Besonderheiten.

Wenn sein gesammeltes Herz auf diese Art geläutert ist, sieht er mit dem himmlischen Auge, das dem menschlichen überlegen ist, die Wesen sterben und wiedererscheinen, niedrige und hohe, schöne und hässliche, in Glück und Elend, und er versteht, wie die Wesen ihren Handlungen, ihres *Karmas*, gemäß weiterwandern.

Er erkennt: das ist **Dukkha**, das ist der Ursprung von Dukkha, das ist das Ende von Dukkha und das ist der Pfad zum Ende von Dukkha. Er versteht der Wirklichkeit entsprechend: dies sind die Triebe, dies ist der Ursprung der Triebe, dies ist das Aufhören der Triebe und dies ist der Weg, der zum Aufhören der Triebe führt.

Wenn er so weiß und sieht, ist sein Herz vom Sinnentrieb befreit, vom Werdetrieb und vom Unwissenheitstrieb. In ihm steigt das Wissen auf: ich habe Befreiung erreicht und so verweilt er in Glückseligkeit, weil er selbst heilig geworden ist.

Das waren die Worte des Erhabenen. Die Bhikkhus waren entzückt über die Worte des Erhabenen.

Anmerkung

Das kann ganz allgemein auch für unsere Zeit gelten. Zu zwei dieser vier Personen möchte ich jedoch eine Anmerkung machen, um die Anwendung auf unsere Zeit und unsere Gesellschaftsform zu verdeutlichen.

Da ist einmal die zum Schluss beschriebene Person, die sich des Quälens von sich selbst und anderen enthält. Wenn man die Schilderung des Buddha genau betrachtet, wird man feststellen, dass dies nur für Mönche und Nonne gelten kann, denn nur diese tragen Roben und ernähren sich von Almosenspeise. Wenn heute in unserer Gesellschaft jemand den Pfad geht, den der Buddha aufgezeigt hat, ist jedoch eine Mönchs- oder Nonnen-ordination m. E. nicht notwendig. Alle anderen Merkmale können wir als Nichtordinierte durchaus befolgen.

Meine zweite Anmerkung bezieht sich auf die Person. Die „sich selbst und andere quält", hier unterstellt der Buddha einen Herrscher, der u.a. befehlen kann, wie viele Tiere geschlachtet werden. In unserer Zeit und unserer Gesellschaftsform, der Marktwirtschaft, ist dies nicht mehr ein Privileg des Herrschers – oder aber: wir alle sind diese Herrscher: „Der Kunde ist König" ist ein Leitmotiv der Marktwirtschaft. Durch unsere Nachfrage beauftragen wir andere zu schlachten – oder eben nicht.

Es liegt in unserer Hand, ob wir der sein wollen der quält, indem er Fleisch, Fisch, Leder u. ä. nachfragt. Jede, jeder hat es in der Hand, das System der Ausbeutung, des Quälens und des Tötens von Tieren zu unterstützen oder nicht. Ob wir Produkte nachfragen, die aus der tierquälerischen Milchwirtschaft kommen oder nicht.

Ebenso liegt es in unserer Hand, ob wir Produkte nachfragen, die erkennbar durch Menschenquälerei hergestellt wurden – beispielsweise Kleidungsstücke aus der Ausbeutungswirtschaft von Bangladesh. Dies festzustellen ist zugegebenermaßen schwerer als bei den Fragen der Ernährung, aber nicht unmöglich.

Und auch wenn wir durch unseren Konsum den Klimawandel vorantreiben, sind wir jemand, der quält – vor allem die künftigen Generationen von Lebewesen auf diesem Planeten. Daher ist achtsames und maßvolles Konsumieren so wichtig.

Jeder, jede von uns hat es selbst in der Hand, zu entscheiden, zu welcher Art der „Vier Arten von Menschen" sie oder er gehört, ob man quält oder quälen lässt oder eben nicht.

Dschungeldickicht
- ein Ratespiel -

Originaltitel: Vanapattha Sutta - MN 17

Diese Nacherzählung habe ich in Form eines Ratespieles angelegt um Wiederholungen zu vermeiden. Beim Vortrag lasse ich die Leute raten, in der schriftlichen Variante erscheinen die Lösungen am Ende. Wenn du mitraten willst, kannst du deine Antworten ins Buch schreiben oder deine Lösungen auf einem Zettel notieren und sie hinterher mit den Ergebnissen am Ende vergleichen. Nach jedem Abschnitt hinten nachzuschlagen ist nicht empfehlenswert, denn du würdest die anderen Ergebnisse sehen. Bei den ersten beiden Fragen ist die richtige Antwort schon vorgegeben, danach kannst du selber raten (oder besser: nachdenken).

Einst weilte der Erhabene im *Jetahain* bei *Savatti*, dort wandte er sich an die Mönche:

1. Da lebt ein Mönch im Dschungeldickicht. Während er dort lebt, wird seine noch nicht verankerte Achtsamkeit nicht verankert, sein unkonzentriertes Herz nicht konzentriert, seine noch nicht vernichteten Triebe werden nicht vernichtet, die noch nicht erlangte höchste Sicherheit vor dem Gefesseltsein wird nicht erlangt; die Primärbedürfnisse (Kleidung, Nahrung, Nachtlager und medizinische Grundversorgung) sind schwer zu erhalten. All dies ist ihm inzwischen voll bewusst. Was meint ihr, wie sollte er sich verhalten?

*(Richtige Antwort: er sollte **fortziehen**)*

2. Da lebt ein Mönch im Dschungeldickicht. Während er dort lebt, wird seine noch nicht verankerte Achtsamkeit nicht verankert, sein unkonzentriertes Herz nicht konzentriert, seine noch nicht vernichteten Triebe werden nicht vernichtet, die noch nicht erlangte höchste Sicherheit vor dem Gefesseltsein wird nicht erlangt; aber seine Primärbedürfnisse sind leicht zu befriedigen. All dies ist ihm voll bewusst. Was meint ihr, wie sollte er sich verhalten?

*(Richtige Antwort: er sollte **fortziehen**)*

3. Da lebt ein Mönch im Dschungeldickicht. Während er dort lebt, wird seine zuvor noch nicht verankerte Achtsamkeit verankert, sein vorher unkonzentriertes Herz wird konzentriert, seine zuvor noch nicht vernichteten Triebe werden vernichtet, die bis dahin noch nicht erlangte höchste Sicherheit von dem Gefesseltsein wird erlangt; und auch seine Primärbedürfnisse sind leicht zu befriedigen. All dies ist ihm voll bewusst. Was meint ihr, wie sollte er sich verhalten?

Richtige Antwort hier eintragen: ....

4. Da lebt ein Mönch im Dschungeldickicht. Während er dort lebt, wird seine zuvor noch nicht verankerte Achtsamkeit verankert, sein vorher unkonzentriertes Herz wird konzentriert, seine zuvor noch nicht vernichteten Triebe werden vernichtet, die bis dahin noch nicht erlangte höchste Sicherheit von dem Gefesseltsein wird erlangt; aber seine Primärbedürfnisse sind schwer zu befriedigen. All dies ist ihm inzwischen voll bewusst. Was meint ihr, wie sollte er sich verhalten?

Richtige Antwort hier eintragen: ....

5. Der Buddha spielt anschließend noch mehrere Möglichkeiten durch, wobei er jeweils den Versuchsaufbau geringfügig variiert: Da lebt ein Mönch nicht im Dschungel, sondern nahe bei einem Dorf, spirituell läuft es wieder schlecht (wie oben) und auch die Versorgung mit den Primärbedürfnissen ist schlecht. Was meint

ihr, wie sollte er sich verhalten?

Richtige Antwort hier eintragen: ....

6. Er lebt bei einem Dorf, spirituell läuft es schlecht, aber die Versorgung ist gut.

Richtige Antwort hier eintragen: ....

7. Er lebt bei einem Dorf und erzielt spirituelle Fortschritte, auch die Versorgung ist gut.

Richtige Antwort hier eintragen: ....

8. Er lebt bei einem Dorf und erzielt spirituelle Fortschritte, aber die Versorgung ist schlecht.

Richtige Antwort hier eintragen: ....

Jetzt aber eine Warnung an die Ratenden: Nicht immer kommen nur die beiden bisherigen Antworten vor, es ist auch eine dritte Antwort möglich - und der Buddha gibt sie in <u>einem</u> der noch folgenden Fälle!

In den nächsten vier Fällen dekliniert der Buddha die sonst gleiche Versuchsanordnung für den Fall durch, dass der Mönch bei einer <u>Marktstadt</u> lebt. Wie sollte er sich nunmehr entscheiden?

9. spirituell erfolgreich, Versorgung gut, also: ....
10. spirituell erfolgreich, Versorgung schlecht, also ....
11. spirituell schlecht, Versorgung gut, also : ....
12. spirituell schlecht, Versorgung schlecht also: ....

Wie ist es, wenn es sich um eine <u>Großstadt</u> handelt?

13. spirituell erfolgreich, Versorgung gut, also: ....
14. spirituell erfolgreich, Versorgung schlecht, also ....
15. spirituell schlecht, Versorgung gut, also : ....
16. spirituell schlecht, Versorgung schlecht also: ....

Nun verändert der Buddha die Versuchsanordnung etwas. Das über die spirituelle Entwicklung Gesagte und auch die beiden Varianten bezüglich der Versorgungslage bleiben zwar gleich, aber diesmal handelt sich es um ein ganzes Land (mit dem entsprechenden Volk, der Kultur, der Sprache, den Gewohnheiten). Kommen wir jetzt zu einem anderen Ergebnis?

17. spirituell erfolgreich, Versorgung gut, also: ....
18. spirituell erfolgreich, Versorgung schlecht, also: ....
19. spirituell schlecht, Versorgung gut, also: ....
20. spirituell schlecht, Versorgung schlecht, also: ....

Nunmehr folgt die letzte Vierergruppe. Hier gibt es in mindestens einem Fall eine unübliche Antwort. Die Änderung in der Versuchsanordnung betrifft aber nur einen einzigen Punkt, der Mönch lebt jetzt nämlich nicht mehr in Abhängigkeit von einer Gruppe (Dorf, Stadt, Land), sondern von einer einzigen ganz bestimmten Person, die ihn fördert.

21. spirituell erfolgreich, Versorgung gut, also: ....
22. spirituell erfolgreich, Versorgung schlecht, also ....
23. spirituell schlecht, Versogung gut, also : ....
24. spirituell schlecht, Versorgung schlecht also: ....

Die richtigen Antworten:
*er sollte **fortziehen** bei Nr. 1, 2, 5, 6, 11, 12, 15, 16, 19, 20, 23 und 24*
*er sollte **bleiben** bei Nr. 3, 4, 7, 8, 9, 10, 13, 14, 17, 18, 22*

Nur wenn die spirituellen Fortschritte und die Versorgung gesichert sind, gibt es eine Änderung gegenüber den bisherigen Gedanken-experimenten. Der Buddha empfiehlt für diesen Fall nämlich: "Der Mönch sollte lebenslänglich weiter mit dieser Person verkehren. Er sollte nicht von ihr fortziehen, selbst wenn er fortgeschickt würde."

Und nun zwei Fragen zum Reflektieren:
   Warum eigentlich?
   Ist das nicht Anhaften?

112

Die tauglichen Mittel
Originaltitel: Bhumija Sutta - MN 126

Zu jenem Zeitpunkt hielt sich der Erhabene wieder einmal im Bambushain bei **Rajagaha** auf, dort wo die Eichhörnchen gefüttert werden. Zu dieser Zeit besuchte der ehrwürdige Bhumija den Prinzen Jayasena, dieser sagte:

"Meister Bhumija, es gibt einige Mönche und Brahmanen, die Behauptungen aufstellen und Ansichten vertreten, wie diese: 'Wenn man Erwartungen hat und man führt das heilige Leben, so ist man nicht in der Lage, irgendeine positive Geistesentwicklung hervorzubringen; wenn man keine Erwartungen hat und man führt das heilige Leben, so ist man immer noch nicht in der Lage, irgendeine positive Geistesentwicklung hervorzubringen. Was sagt der Lehrer des ehrwürdigen Bhumija dazu, was verkündet er?"

"So etwas sagt der Erhabene nicht, Prinz. Aber es ist möglich, dass der Erhabene vielleicht folgendes antworten würde: 'Wenn man Erwartungen hat und man führt das heilige Leben <u>auf unweise Art</u>, so ist man nicht in der Lage, irgendeine positive Geistesentwicklung hervorzubringen; wenn man keine Erwartungen hat und man führt das heilige Leben <u>auf unweise Art</u>, so ist man immer noch nicht in der Lage, irgendeine positive Geistesentwicklung hervorzubringen. Wenn man sich jedoch ein Ziel setzt und man führt das heilige Leben auf weise Art, so ist man in der Lage, positive Geistesentwicklung hervorzubringen; wenn man keine Erwartungen hat und man führt das heilige Leben auf weise Art, so ist man immer noch in der Lage, positive Geistesentwicklung hervorzubringen.' Hochverehrter Prinz Jayasena, ich habe dies nicht aus des Erhabenen eigenen Munde gehört und vernommen, Prinz, aber es ist möglich, dass der Erhabene so antworten würde, wie ich es dargelegt habe."

Dies leuchtete dem Prinzen ein und man nahm gemeinsam das Mittagsmahl ein. Vorsichtshalber schaute Bhumija aber anschließend noch einmal beim Buddha vorbei, erzählte, was sich zugetragen hatte, und fragte, ob er im Sinne des Erhabenen geantwortet habe.

Der Buddha sagte: "Bhumija, du hast mit deiner Antwort inhaltlich völlig recht. Dennoch hätte ich es so nicht formuliert. Die Aussage ist zwar logisch, aber eine etwas verkürzte Darstellung, ich hätte sie auch noch mit dem ein oder anderen Gleichnis versehen."

Da Bhumija gespannt war zu erfahren, wie der Erhabene geantwortet hätte, erläuterte der Buddha es ausführlich *(hier gekürzt wiedergegeben)*:

"Welche Mönche und **Brahmanen** auch immer falsche Ansicht haben, falsche Absicht, falsche Rede, falsches Handeln, falsche Lebensweise, falsche Anstrengung, falsche Achtsamkeit und falsche Konzentration, wenn sie Erwartungen haben und sie führen das heilige Leben, so sind sie nicht in der Lage, irgendeine positive Geistesentwicklung hervorzubringen; wenn sie keine Erwartungen haben und sie führen das heilige Leben, so sind sie immer noch nicht in der Lage, irgendeine positive Geistesentwicklung hervorzubringen.

Angenommen, ein Mann, der Öl benötigt, würde Schotter in einen Bottich häufen, ihn über und über mit Wasser besprengen und dann auspressen. Dann wäre er, wenn er Erwartungen hätte und so handelte, nicht in der Lage, irgendwelches Öl hervorzubringen; wenn er keine Erwartungen hätte und so handelte, so wäre er immer noch nicht in der Lage, irgendwelches Öl hervorzubringen. Warum ist das so? Weil jene falsche Vorgehensweise keine angemessene Methode ist, um Öl hervorzubringen. Ebenso, welche Mönche und Brahmanen auch immer falsche Ansicht haben, falsche Absicht, falsche Rede, falsches Handeln, falsche Lebensweise, falsche Anstrengung, falsche Achtsamkeit und falsche Konzentration, wenn sie Erwartungen haben und sie führen das heilige Leben, so sind sie nicht in der Lage, irgendeine positive Geistesentwicklung hervorzubringen; wenn sie keine Erwartungen haben und sie führen das heilige Leben, so sind sie immer noch nicht in der Lage, irgendeine positive Geistesentwicklung hervorzubringen. Warum ist das so? Weil jener Pfad keine angemessene Methode ist, um positive Geistesentwicklung hervorzubringen.

Angenommen jedoch, ein Mann, der Öl benötigt, würde Sesam-Mehl in einen Bottich häufen, es über und über mit Wasser besprengen und dann auspressen. Dann wäre er, wenn er Erwartungen hätte und so handelte, in der Lage, Öl hervorzubringen; wenn er keine Erwartungen hätte und so handelte, so wäre er immer noch in der Lage, Öl hervorzubringen. Warum ist das so? Weil jene richtige Vorgehensweise eine angemessene Methode ist, um Öl hervorzubringen. Ebenso, welche Mönche und Brahmanen auch immer Richtige Ansicht haben, Richtige Absicht, Richtige Rede, Richtiges Handeln, Richtige Lebensweise, Richtige Anstrengung, Richtige Achtsamkeit und Richtige Konzentration, wenn sie Erwartungen haben und sie führen das heilige Leben, so sind sie in der Lage, positive Geistesentwicklung hervorzubringen; wenn sie keine Erwartungen haben und sie führen das heilige Leben, so sind sie immer noch in der Lage, positive Geistesentwicklung hervorzubringen.

Oder aber, nehmen wir ein anderes Beispiel: Angenommen, ein Mann, der Milch benötigt, würde bei einer Kuh, die kurz zuvor gekalbt hatte, am Horn ziehen. Dann wäre er, wenn er

Erwartungen hätte und so handelte, nicht in der Lage, irgendwelche Milch zu melken; wenn er keine Erwartungen hätte und so handelte, so wäre er immer noch nicht in der Lage, irgendwelche Milch zu melken. Warum ist das so? Weil jene falsche Vorgehensweise keine angemessene Methode ist, um Milch zu melken. Ebenso, welche Mönche und Brahmanen auch immer falsche Ansicht haben, falsche Absicht, falsche Rede, falsches Handeln, falsche Lebensweise, falsche Anstrengung, falsche Achtsamkeit und falsche Konzentration, wenn sie Erwartungen haben und sie führen das heilige Leben, so sind sie nicht in der Lage, irgendeine positive Geistesentwicklung hervorzubringen; wenn sie keine Erwartungen haben und sie führen das heilige Leben, so sind sie immer noch nicht in der Lage, irgendeine positive Geistesentwicklung hervorzubringen. Warum ist das so? Weil jener Pfad keine angemessene Methode ist, um positive Geistesentwicklung hervorzubringen.

Angenommen andererseits, ein Mann, der Milch benötigt, würde bei einer Kuh, die kurz zuvor gekalbt hatte, am Euter ziehen. Dann wäre er, wenn er Erwartungen hätte und so handelte, in der Lage, Milch zu melken; wenn er keine Erwartungen hätte und so handelte, so wäre er immer noch in der Lage, Milch zu melken. Warum ist das so? Weil jene Vorgehensweise eine angemessene Methode ist, um Milch zu melken. Ebenso, welche Mönche und Brahmanen auch immer Richtige Ansicht haben, Richtige Absicht, Richtige Rede, Richtiges Handeln, Richtige Lebensweise, Richtige Anstrengung, Richtige Achtsamkeit und Richtige Konzentration, wenn sie Erwartungen haben und sie führen das heilige Leben, so sind sie in der Lage, positive Geistesentwicklung hervorzubringen; wenn sie keine Erwartungen haben und sie führen das heilige Leben, so sind sie immer noch in der Lage, positive Geistesentwicklung hervorzubringen. Warum ist das so? Weil jener Pfad eine angemessene Methode ist, um positive Geistesentwicklung hervorzubringen.

Bhumija, wenn du bei Prinz Jayasena solche Gleichnisse vorgetragen hättest, hätte er spontan Vertrauen gefunden und hätte dies sich auch leichter merken können. Auf diese Art, verkünde ich den Dharma, und ich empfehle auch anderen so vorzugehen: Geschichten helfen bei der Kommunikation.

(Anmerkung des Autors: "Danke, Buddha, ich habe verstanden! Ich bemühe mich daher, den Dharma in der Regel in Geschichtenform zu verbreiten.")

Die fünf Gruppen (khandhas)		
Pali-Name	Gruppe	dazu gehört
rupa-kkhandha	Körperlichkeit	Kopf, Arme, Beine, Hautfarbe ....
vedana-kkhandha	Gefühl	positiv, negativ, neutral
sanna-kkhandha	Wahrnehmung	Sehen, Hören, Riechen, Schmecken, Tastempfindungen, Denken
sankhara-kkhandha	Geistes-formationen	Wille, Absicht *aber auch:* Tatkraft, Schamgefühl, Interesse, Hass, Gier, Vertrauen ...
vinnana-kkhandha	Bewusstsein	diskursives Denken, Traurigkeit, Freude, Sammlung, Verzückung...

Buddha lehrt seinem Sohn Meditation

Originaltitel: Maharahulovada Sutta - MN 62

Es war im Regenzeitquartier in **Anathapindikas Retreatzentrum** im **Jeta-Hain** bei **Savatti** als der Buddha die Gelegenheit wahrnahm, seinen Sohn **Rahula** in der Atemmeditation zu unterrichten. Der anwesende **Ananda** protokollierte diese Unterweisung.

Rahula ging zum Buddha, den er in erster Linie als seinen Lehrer und nicht als seinen Vater betrachtete, und fragte ihn: "Ehrwürdiger Herr, wie wird die Achtsamkeit auf den Atem entfaltet und geübt, so dass sie von großer Frucht und Nutzen ist?"

Der Buddha wusste, dass sein damals 18jährige Sohn, der seit rund 10 Jahren Novize war, für seine eigene Schönheit und die anderer empfänglich war. Er erläuterte ihm daher die Atembetrachtung auf eine vielleicht etwas ungewöhnliche, aber sicher sehr nutzbringende Art:

"Rahula, was immer in dir an Festem ist, also Kopfhaar, Körperhaar, Nägel, Zähne, Haut, Muskelfleisch, Sehnen, Knochen, Knochenmark, Nieren, Herz, Leber, Zwerchfell, Milz, Lunge, Dickdarm, Dünndarm, Mageninhalt, Kot oder was sonst noch an Festem in dir ist, das ist **Erdelement**, und zwar das innere Erdelement. Aber das innere Erdelement und das Feste da draußen, das ist einfach nur Erdelement. Und dafür gilt: Das ist nicht mein, das bin ich nicht, das ist nicht mein Selbst. Das

119

Erdelement ist von der Natur nur geborgt. Auf diese Art wirst du begierdelos gegenüber dem Erdelement.

Und dann zum **Wasserelement**; was immer in dir an Flüssigem ist, also Wasser, Galle, Schleim, Eiter, Blut, Schweiß, Fett, Tränen, Talg, Speichel, Rotz, Gelenkschmiere oder was sonst noch an Flüssigem in dir ist, das ist das innere Wasserelement. Aber das innere Wasserelement und das Flüssige da draußen, das ist einfach nur Wasserelement. Und dafür gilt: Das ist nicht mein, das bin ich nicht, das ist nicht mein Selbst. Auch das Wasserelement ist von der Natur nur geborgt. Auf diese Art wirst du begierdelos gegenüber dem Wasserelement.

Und wie ist es mit dem **Feuerelement**? Was immer in dir heiß und feurig ist, also was dich wärmt, altern lässt und verzehrt und das, wodurch der ganze Stoffwechsel erfolgt, das ist das Feuerelement in dir. Aber das innere Feurige und das Feuerelement da draußen, das ist einfach nur Feuerelement. Und dafür gilt: Das ist nicht mein, das bin ich nicht, das ist nicht mein Selbst. Schließlich ist auch das Feuerelement von der Natur nur geborgt, und wird - wie alles andere - zurückgegeben. Auf diese Art wirst du begierdelos gegenüber dem Feuerelement.

Und was ist mit dem **Windelement**? Was immer in dir windartig ist, also aufsteigende und absteigende Winde, Winde im Bauch, Winde in den Därmen, Winde, die durch die Glieder verlaufen, Einatmung und Ausatmung, das ist das Windelement in dir. Aber das innere Windige und das Windelement da draußen, das ist einfach nur Windelement. Und für das Luftelement, das Windelement, gilt: Das ist nicht mein, das bin ich nicht, das ist nicht mein Selbst. Auch das Luftelement ist von der Natur nur geborgt. Auf diese Art wirst du begierdelos gegenüber dem Windelement.

Rahula, was ist das *Raumelement*? Was immer an dir Raum, raumhaft ist, also Ohrlöcher, Nasenlöcher, Mundöffnung und der ganze Nahrungsaufnahme- und -verdauungstrakt bis zur Ausscheidung, das ist einfach nur Raumelement. Aber das innere Raumhafte und das Raumelement da draußen, das ist einfach nur Raumelement. Und dafür gilt: Das ist nicht mein, das bin ich nicht, das ist nicht mein Selbst; es ist vielmehr Bestandteil der großen Natur und dir nur vorübergehend verliehen. Auf diese Art wirst du begierdelos gegenüber dem Raumelement.

Rahula, entwickle Meditation, die gelassen ist wie die Erde, damit angenehme und unangenehme Kontakte nicht in dein Herz eindringen und dort bleiben. Wenn einer Abfall auf die Erde wirft oder Kot, dann ist die Erde deswegen nicht entsetzt, angewidert oder eingeschnappt, und genau so sollst du auch erdhafte Gelassenheit entwickeln, damit angenehme und unangenehme Kontakte nicht in dein Herz eindringen und dort bleiben.

Rahula, entwickle Meditation, die gelassen ist wie Wasser, damit angenehme und unangenehme Kontakte nicht in dein Herz eindringen und dort bleiben. Wenn einer Waschwasser oder Kot, Urin, Blut oder Speichel ins Wasser schüttet, dann ist das Wasser deswegen nicht entsetzt, angewidert oder einge-schnappt, und genauso sollst du wasserhafte Gelassenheit entwickeln, damit angenehme und unangenehme Kontakte nicht in dein Herz eindringen und dort bleiben.

Rahula, entwickle Meditation, die gelassen ist wie Feuer, damit angenehme und unangenehme Kontakte nicht in dein Herz eindringen und dort bleiben. Wenn einer Abfall oder Dung verbrennt, dann ist das Feuer deswegen nicht entsetzt, angewidert oder eingeschnappt, und genauso sollst du feuerhafte Gelassenheit entwickeln, damit angenehme und unangenehme Kontakte nicht in dein Herz eindringen und dort bleiben.

Rahula, entwickle Meditation, die gelassen ist wie der Wind, damit angenehme und unangenehme Kontakte nicht in dein Herz eindringen und dort bleiben. Denn über Abfall, Kot, Urin, Blut oder sonstiges Unreine streicht der Wind einfach hinweg und ist deswegen nicht entsetzt, angewidert oder eingeschnappt, und genauso sollst du windhafte Gelassenheit entwickeln, damit angenehme und unangenehme Kontakte nicht in dein Herz eindringen und dort bleiben.

Rahula, entwickle Meditation, die gelassen ist wie der Raum, damit angenehme und unangenehme Kontakte nicht in dein Herz eindringen und dort bleiben. Denn der Raum stützt sich nicht auf irgendetwas, er braucht nichts Formhaftes, aber er ist davon auch nicht angewidert. Sei deshalb gelassen wie der weite Raum in deiner Meditation, damit angenehme und unangenehme Kontakte nicht in dein Herz eindringen und dort bleiben.

- Rahula, übe die **metta bhavana**, die Meditation der liebenden Güte, so überwindest du jedes Übelwollen.

- Rahula, übe die *karuna bhavana*, die Meditation der Barmherzigkeit, so überwindest du jede Grausamkeit.

- Rahula, übe die *mudita bhavana*, die Meditation der Mitfreude, so überwindest du jede Missgunst.

- Rahula, übe die Meditation über Nicht-Schönheit, so überwindest du jede Begierde.

- Rahula, übe die Meditation über Vergänglichkeit, so überwindest du jeden Ich-Dünkel.

- Rahula, übe die Vergegenwärtigungen des Atems.

Aber wie solltest du diese Meditation der Vergegenwärtigungen des Atems üben?

Wenn ein so Meditierender lang einatmet, dann weiß er, dass er lang einatmet, wenn ein so Meditierender kurz einatmet, dann weiß er, dass er kurz einatmet. Er übt so: ich werde einatmen und dabei den Körper beruhigen, ich werde ausatmen und dabei den Körper beruhigen.

Er übt so: ich werde einatmen und dabei *Verzückung* erleben, ich werde ausatmen und dabei Verzückung erleben. Er übt so: ich werde einatmen und dabei *Glückseligkeit* erleben, ich werde ausatmen und dabei Glückseligkeit erleben.

Er übt so: ich werde einatmen und dabei *das Herz beruhigen*, ich werde ausatmen und dabei das Herz beruhigen. Er übt so: ich werde einatmen und dabei das Herz erleben, ich werde ausatmen und dabei das Herz erleben. Er übt so: ich werde einatmen und dabei das Herz erfreuen, ich werde ausatmen und dabei das Herz erfreuen. Er übt so: ich werde einatmen und dabei das Herz sammeln, ich werde ausatmen und dabei das Herz sammeln. Er übt so: ich werde einatmen und dabei das Herz befreien, ich werde ausatmen und dabei das Herz befreien

Er übt so: ich werde einatmen und dabei die *Vergänglichkeit* betrachten, ich werde ausatmen und dabei die Vergänglichkeit betrachten. Er übt so: ich werde einatmen und dabei das Aufhören betrachten, ich werde ausatmen und dabei das Aufhören betrachten. Er übt so: ich werde einatmen und dabei das Loslassen betrachten, ich werde ausatmen und dabei das Loslassen betrachten.

Rahula, so wird die Achtsamkeit auf den Atem entfaltet und geübt, dass sie von großer Frucht und von großem Nutzen ist.

Das war es, was der Erhabene seinem Sohn mit auf den Weg gab. Rahula hatte Erfolg mit dieser Praxis, er erreichte die **Arahant**schaft und ging noch vor dem Buddha ins **Paranibbana** ein.

Der Irrtum bezüglich der Wiedergeburt

Originaltitel: Mahatanhasankhaya Sutta - MN 38

Ananda berichtet uns von dieser Begebenheit, die sich im Jeta-Hain des Kaufmanns *Anathapindika* bei *Savatti* zutrug. Zu dieser Zeit vertrat der *Bhikkhu* Sati die Ansicht: "Ich habe den Dharma so verstanden, dass es ein und dasselbe *Bewusstsein* ist, das dieses Leben durchläuft und von Geburt zu Geburt weiterwandert." *(Anmerkung des Nacherzählers: Dies klingt natürlich sehr nach der Ansicht des **Hinduismus** von der **Seelenwanderung**, nur dass die **Seele** jetzt Bewusstsein heißt. Eine ähnliche irrige Meinung ist auch heute leider noch in manchen buddhistischen Kreisen verbreitet.)*

Andere Bhikkhus versuchten, Sati von dieser irrigen Ansicht abzubringen, doch leider ohne Erfolg. Daher unterrichteten sie den Buddha über die Behauptung des Bhikkhu Sati. Also ließ der Buddha dem Sati durch einen Boten ausrichten, er möge zum *Erhabenen* kommen.

Als Sati dann beim Buddha war, fragte der: "Sag mal, stimmt es, dass du die Ansicht vertrittst, dass es ein und dasselbe Bewusstsein ist, das dieses Leben durchläuft und von Geburt zu Geburt weiterwandert." Sati antwortete: "Ja, Erhabener, genauso habe ich den Erhabenen verstanden."

Der Buddha fragte weiter: "Was ist das, jenes Bewusstsein, von dem du redest."

"Ehrwürdiger Herr, es ist das, was spricht und fühlt und hier und da die Resultate guter und schlechter Taten erfährt."

Der Buddha antwortete hierauf ungewöhnlich heftig: "Du fehlgeleiteter Mensch, habe ich nicht immer und immer wieder dargelegt: Getrennt von Bedingungen gibt es keine Entstehung von Bewusstsein. Folglich entsteht das Bewusstsein in Abhängigkeit von ganz konkreten Bedingungen. Da sich diese Bedingungen jedoch im Zeitablauf ständig ändern, kann das Bewusstsein bei einer Geburt nicht dasselbe sein wie bei einer anderen. Bewusstsein ist dynamisch, nicht statisch, es ist ein Prozess, kein Ding!"

Nach dieser Ermahnung saß Sati mit hängenden Schultern und gesenktem Kopf da. Der Buddha aber wandte sich an die anderen Mönche. "Gibt es hier noch andere, die der Ansicht sind wie Sati?"

Die Bhikkhus beeilten sich, das zu dementieren: "Nein, ehrwürdiger Herr, getrennt von Bedingungen gibt es keine Entstehung von Bewusstsein."

Der Erhabene stellte fest: "Gut, Bhikkhus, dass ihr den **Dharma** so versteht; dass jeder Bewusstseinsmoment von Bedingungen abhängig ist." Vorsichtshalber nahm der Buddha dies jedoch noch einmal zum Anlass, die **bedingte Entstehung** des Bewusstseins detailliert zu erläutern.

"Ihr Bhikkhus, das Bewusstsein wird nach seiner Entstehensart unterschieden, denn es ist immer Bewusstsein von irgendetwas. Wenn das Auge eine Form erblickt, entsteht Sehbewusstsein, hört das Ohr einen Klang, so entsteht Hörbewusstsein, auf die gleiche Art entstehen Riechbewusstsein, Schmeckbewusstsein, Tastbewusstsein und - wenn der Geist ein Objekt erkennt - entsteht Geistbewusstsein.

So wie für das Bewusstsein gilt das Prinzip der bedingten Entstehung auch für Nahrung. Es gibt vier Arten von Nahrung für ein Lebewesen, das bereits in Erscheinung getreten ist. Welche vier? Da gibt es erstens physische Speise als Nahrung, zweitens Kontakt, drittens geistiges Wollen und viertens Bewusstsein. Jede dieser vier Arten von Nahrung hat Begehren (*tanha*) als Ursprung. Aber in Abhängigkeit wovon entsteht Begehren? Begehren entsteht in Abhängigkeit von Empfindung (*vedana*). Empfindung wiederum entsteht in Abhängigkeit von Kontakt (*phassa*). Kontakt entsteht in Abhängigkeit von der Sechssinnengrundlage (*salayatana)*. Die sechsfache Sinnengrundlage entsteht in Abhängigkeit von Name und Form (*nama-rupa)*. Name und Form haben das Bewusstsein als Grundlage *(viññana)* und dieses Bewusstsein hat die (karmischen) Gestaltungskräfte als Grundlage *(sankhara)*, diese Gestaltungskräfte wiederum entstehen in Abhängigkeit von Unwissenheit, von Verblendung von unseren Projektionen *(avijja)*.“

Der Buddha entwickelt diese Sache in Fragen an und Antworten von den Mönchen noch weiter ins Detail und fasst anschließend zusammen: Gut, ihr Mönche, daraus kann man den Schluss ziehen, dass wenn dieses nicht existiert, jenes nicht entsteht, bzw. dass mit dem Aufhören von jenem auch dieses aufhört. Das bedeutet, dass wenn die Unwissenheit beendet ist, auch die Gestaltungen aufhören, wenn diese aufhören, hört das Bewusstsein auf, damit dann auch die sechsfache Sinnengrundlage, damit Kontakt. Ohne Kontakt keine Empfindungen, ohne diese kein Begehren, ohne das kein Anhaften und damit auch kein Werden, ohne Werden kommt es zu keiner Geburt und ohne Geburt nicht mehr zu Krankheit, Alter, Sorge, Kummer und Tod.

Und nun noch einmal zu dem Punkt des Mönchs Sati. Wenn wir diese Erkenntnis zur Grundlage nehmen, gab es uns dann in der Vergangenheit?" - "Nein, ehrwürdiger Herr."

"Wird es uns in der Zukunft geben?" - "Nein, ehrwürdiger Herr."

"Was bedeutet das dann für die Gegenwart: Bin ich? Bin ich nicht? Wie bin ich? Wo wird dieses Wesen hingehen?" - "Nein, ehrwürdiger Herr, diese Fragen machen dann keinen Sinn."

Da aber die Wiedergeburtsfrage des Sati noch unausgesprochen im Raum stand, erläutert der Buddha auch noch das Leben, angefangen von der Empfängnis bis zur Reife:

"Ihr Bhikkhus, die Empfängnis eines Embryos im Schoße der Mutter findet statt, wenn drei Bedingungen zusammenkommen: Wenn die sexuelle Vereinigung von Vater und Mutter stattfindet, wenn die Mutter ihre fruchtbaren Tage hat, und das (nichtmaterielle) Wesen, das wiederentstehen soll, anwesend ist.

Nach der Geburt wächst dieses Wesen heran, spielt mit Holzklötzen, mit Fahrzeugen und macht Purzelbäume. Wenn es zum Jugendlichen heranreift, genießt es das Leben mit den fünf Strängen des Sinnenvergnügens. Auf diese Weise kann der Daseinskreislauf immer und immer weitergehen.

Es besteht aber auch die Möglichkeit der Beendigung des Daseinskreislaufes, indem diese Person sich entschließt den Dharma zu praktizieren."

Der Buddha erläutert dann noch das heilige Leben, wie an vielen anderen Stellen auch. *(vgl. hierzu z. B. Furcht und Schrecken - MN 4 in diesem Buch)*

Ihr Bhikkhus, behaltet diesen Pfad zur **Befreiung** durch das Vernichten des Begehrens im Gedächtnis. Aber der Bhikkhu

Sati, hat sich im gewaltigen Netz des Begehrens, in der Fußangel des Begehrens verfangen.

Es wird gesagt, dass die Bhikkhus entzückt waren von der Rede des Buddha, vermutlich außer dem Bhikkhu Sati, der allerdings ohne diese Zurechtweisung nicht die Chance gehabt hätte, den Weg zur Befreiung zu finden.

Die Vier Rechten Bemühungen

verhindern	Man arbeitet eifrig daran zu verhindern, dass noch nicht entstandene unheilsame Geisteszustände entstehen.
überwinden	Man arbeitet eifrig daran, bereits entstandene unheilsamen Geisteszustände zu überwinden.
entwickeln	Man arbeitet eifrig daran, noch nicht entstandene heilsame Geisteszustände zu entwickeln.
pflegen	Man arbeitet eifrig daran, bereits entstandene heilsame Geisteszustände zu pflegen.

Buchhalter Moggallana
Originaltitel: Ganakamoggallana Sutta- MN 107

Anmerkung: *Dieser Buchhalter ist nicht identisch mit Buddhas Hauptjünger Moggallana, letzterer wird zur Unterscheidung meist als* **Mahamoggallana** *(Moggallana der Große) bezeichnet.*

Zu der Zeit, da sich dieses Gespräch zutrug, hielt sich der Erhabene in **Savatti** auf, in der Villa von Migaras Mutter im östlichen Park. Der Buchhalter Moggallana kam zu Besuch und stellte dem Erhabenen eine Frage:

"Meister Gotama, die meisten Projekte werden in einzelne Projektabschnitte eingeteilt. Nehmen wir beispielsweise diese Villa hier, sie wurde stufenweise erweitert, stufenweise ausgebaut. Das ist ein durchaus übliches Verfahren: Auch in meiner Berufsausbildung – ich verdiene meinen Lebensunterhalt mit Buchführung – gibt es eine stufenweise Ausbildung. Das führt mich zu der Frage: Wie ist das in der Mönchsausbildung. Durchlaufen auch Eure **Bhikkhus**, Meister **Gotama**, eine solche gestufte Ausbildung?"

"Durchaus **Brahmane**, das ist zwar nicht die übliche Bezeichnung, wie wir es benennen, aber man könnte es genauso gut als gestufte Ausbildung beschreiben. Wenn ein Bhikkhu seine Ausbildung beginnt, so muss er als Grundlage die moralischen Prinzipien internalisieren, sich an unsere ethischen Richtlinien halten, bis er auch nicht mehr den kleinsten Fehler begeht.

Wenn der Bhikkhu dann vollkommen in seinem Verhalten ist, geht es ans zweite Modul der gestuften Ausbildung, dann muss er lernen, seine Sinnestore (also Augen, Ohren, Nase, Geschmacksorgan, Tastsinn) zu beherrschen, denn es können üble, unheilsame Geisteszustände der Gier und der Trauer in ihm entstehen, wenn er die Kontrolle über die Sinnesorgane verliert.

Und dann, Brahmane, wenn der Bhikkhu seine Sinnestore ordnungsgemäß zu hüten gelernt hat, kommen wir zum Modul "Mäßigung beim Essen". Er muss lernen, seine Nahrung mit weiser Betrachtung zu sich zu nehmen, weder zum Spaß, noch zur Berauschung oder zu Verschönerung, sondern eben nur, um diesen Körper zu ernähren und Hungergefühle abzustellen, damit er erfolgreich praktizieren kann.

Dann kommen wir zu Stufe vier dieser Ausbildung, hier geht es um die Entwicklung von Wachsamkeit. Hierzu dient bei Tage sowie in der ersten und letzten **Nachtwache** vor allem die Gehmeditation, in der zweiten Nachtwache geht es um die Körperkontrolle im Schlaf. Hat der Bhikkhu dies erfolgreich absolviert, so steht nun auf dem Lehrplan, Achtsamkeit und Wissensklarheit zu entwickeln. Hierzu begibt er sich in eine Einzelklausur, wo er an den Geisteszuständen Habgier, Übelwollen, Trägheit, Ruhelosigkeit und Unentschlossenheit arbeitet. Hat er diese fünf Hindernisse überwunden, ist gewissermaßen das Grundstudium abgeschlossen.

Der fortgeschrittene Übende bemüht sich dann um vier weitere gestufte Module, die wir als *meditative Vertiefungen* bezeichnen. Dabei müssen zunächst die üblichen Meditationshindernisse überwunden werden, nämlich Verlangen, Abneigung, Trägheit, Unruhe und Unentschlossenheit, letzteres kann man auch Skeptizismus nennen. Ist dies erreicht, so kann der Student an der ersten Vertiefung arbeiten, wobei die anfängliche und anhaltende Hinwendung zum Meditations-objekt sowie **Verzückung** und **Glückseligkeit** das Ziel sind. Diese Faktoren werden in den dann folgenden Modulen stufenweise abgebaut, bis in der vierten Vertiefung nur noch die Fokussierung aufs Meditationsobjekt vorhanden ist, außerdem tritt dann Gleichmut auf, der die positiven und negativen Empfindungen transzendiert und die Reinheit der Achtsamkeit pflegt.

In dieser Art, Brahmane, bilden wir die Bhikkhus stufenweise in einzelnen Modulen aus."

Der Buchhalter fragte nach: "Und wenn diese gesamte Ausbildung absolviert ist, haben dann alle Schüler das Ausbildungsziel, das **Nirwana**, erreicht?"

Nein, keineswegs Brahmane, einige erreichen dieses Ziel, andere nicht."

"Das verstehe ich nicht, Meister Gotama, wenn doch alle die gleiche Ausbildung erhalten, warum erreichen dann manche das Ziel nicht?"

"Darf ich dir eine Gegenfrage stellen, Brahmane? Ich nehme an du bist mit der Straße, die von hier nach **Rajagaha** führt, vertraut."

"Ja, sicher, Meister Gotama, diese Straße kenne ich ganz genau!"

"Stelle dir vor, da kommen an zwei Tagen hintereinander zwei Männer, die dich hier vor dem Haus nach dem Weg nach Rajagaha fragen. Du gibst beiden die gleiche, exakt zutreffende Beschreibung. Einer kommt dort an, der andere verirrt sich. Bist du daran schuld, dass der eine sich verirrt hat?"

"Sicher nicht, da kann ich nichts dazu, ich war derjenige, der den Weg richtig beschrieben hat!"

"Siehst du Brahmane. Der **Tathagata** ist einer, der den Weg zeigt. Gehen muss ihn jeder Schüler selbst."

"Prima, Meister Gotama, so wie die schwarze Veilchenwurzel den besten Wurzelduftstoff abgibt, rotes Sandelholz den besten Holzduftstoff und Jasmin den besten Blütenduftstoff, ebenso ist die Anweisung von Meister Gotama die höchste unter den heutigen Lehren."

Regelverstoß und Reue

Originaltitel: Bhaddali Sutta - MN 65

Als diese Geschichte geschah, war der Erhabene in **Anathapindikas Bhikkhuheim** im **Jeta-Hain** bei **Savatthi**. Bei dieser Gelegenheit verkündete der **Erhabene**:

"Ihr **Bhikkhus**, ich esse nur einmal am Tag. Indem ich so verfahre, bin ich frei von Krankheit und Unbehagen, und ich erfreue mich der Gesundheit, der Stärke und eines leichten Lebens. Kommt, ihr Bhikkhus, esst nur einmal am Tag. Indem ihr so verfahrt, werdet auch ihr von Krankheit und Unbehagen frei sein, und ihr werdet euch der Gesundheit, der Stärke und eines leichten Lebens erfreuen."

Auf diese Art kam es damals häufig zu neuen Ordensregeln. Diesmal jedoch widersprach ein Mönch namens Bhaddali. Der Erhabene schlug – um ihm eine Brücke zu bauen – vor, Bhaddali könne, wenn er eingeladen wird, dort essen und ein wenig von dem Essen als Wegzehrung mitnehmen, aber auch diesen Kompromiss schlug Bhaddali aus.

Nachdem diese Übungsregel vom Erhabenen bekannt gemacht worden war, verkündete Bhaddali öffentlich in der **Sangha** der Bhikkhus seine fehlende Bereitschaft, sich der Übung zu unterziehen. Dann zeigte er sich dem Erhabenen die gesamten drei Monate der Regenklausur über nicht, die sowohl der Buddha als auch Bhaddhali in Anathapindikas Bhikkhuheim verbrachten, weil er der vom Buddha empfohlenen Übung nicht nachkam.

Am Ende der Klausur sprach ihn einer seiner Mitmönche an: "Bitte, Freund Bhaddali, pass genau auf, was du verkündest. Lass nicht zu, dass es später schwieriger für dich wird."

Der zeigte nunmehr so etwas wie Einsicht, denn er ging zum Erhabenen und sagte: "Ehrwürdiger Herr, ich habe einen Regelverstoß begangen. Ich habe mich außerdem dumm, unklug und tölpelhaft verhalten, indem ich öffentlich in der Sangha meine fehlende Bereitschaft, mich der Übung zu unterziehen, verkündete. Ehrwürdiger Herr, ich bitte Euch um Vergebung."

Der Buddha antwortete: "Ja, Bhaddali, du hast verwirrt und tölpelhaft einen Regelverstoß begangen, nachdem eine Übungsregel vom mir bekannt gemacht worden war. Du hast öffentlich in der Sangha deine fehlende Bereitschaft, dich der Übung zu unterziehen, verkündet. Aber damit nicht genug. Auch ein weiterer Umstand wurde von dir nicht begriffen: 'Viele Bhikkhus haben für die Regenklausur bei Savatthi Quartier bezogen, und auch sie werden von mir wissen: Der Bhikkhu namens Bhaddali ist einer, der der Übung in der Lehre des Lehrers nicht nachkommt.´ Damit hast du die Einheit der Sangha untergraben.

Und auch ein weiterer Umstand wurde von dir nicht begriffen: 'Viele Laienanhänger wohnen bei Savatthi, und auch diese werden von mir wissen: Der Bhikkhu namens Bhaddali ist einer, der der Übung in der Lehre des Lehrers nicht nachkommt. Damit hast du das Ansehen der Sangha und auch mein persönliches Ansehen bei den Laienanhängern massiv untergraben.´ Mit diesen und weiteren Beispielen, was die Folgen seiner Disziplinlosigkeit waren, konfrontierte der Buddha den Mönch.

Also bat der Übeltäter voller Reue erneut: "Ehrwürdiger Herr, ich habe einen Regelverstoß begangen, indem ich verwirrt und tölpelhaft, öffentlich in der Sangha der Bhikkhus meine fehlende Bereitschaft, mich der Übung zu unterziehen, verkündete. Ehrwürdiger Herr, ich bitte Euch um Vergebung."

Nun konfrontierte der Buddha den Reumütigen mit Fragen, wie sich verschiedene edle Schüler verhalten würden, unter anderem mit dieser Frage: "Was meinst du, Bhaddali? Angenommen, ein Bhikkhu hier wäre ein Dhammaergebener, und ich sagte zu ihm: 'Komm, Bhikkhu, bereite einen Weg für mich, damit ich den Schlamm überqueren kann.' Würde er den Schlamm selbst überqueren oder würde er einfach etwas anderes tun oder würde er 'Nein' sagen?"

"Nein, ehrwürdiger Herr, er würde gehorchen"

Nach einigen solcher Beispiele stellte der Erhabene schließlich die Frage: "Bhaddali, warst du bei jener Gelegenheit nicht ein leerer, hohlköpfiger Übeltäter?"

"Ja, Erhabener Herr, Ihr habt vollkommen Recht. Ehrwürdiger Herr, ich habe einen Regelverstoß begangen, indem ich verwirrt und tölpelhaft, öffentlich in der Sangha der Bhikkhus meine fehlende Bereitschaft, mich der Übung zu unterziehen, verkündete. Ehrwürdiger Herr, ich bitte Euch um Vergebung."

Darauf sagte der Erhabene: "Gewiss, Bhaddali, du hast einen Regelverstoß begangen. Aber weil du deinen Regelverstoß einsiehst und dich gemäß dem *Dhamma* um Wiedergutmachung bemühst, vergeben wir dir; denn es bedeutet Wachstum in der Disziplin des Edlen, wenn man seinen Regelverstoß als solchen sieht und sich gemäß dem Dhamma um Wiedergutmachung bemüht, indem man künftig Zurückhaltung übt."

Darauf fragte Bhaddali - wohl gleichermaßen erleichtert wie verwirrt: "Ehrwürdiger Herr, was ist der Grund, dass einige

137

Bhikkhus immer wieder ermahnt werden andere aber den Orden verlassen müssen?"

Der Buddha wies daraufhin, dass Übeltäter nicht gleich Übeltäter sei:

- "Bhaddali, da ist ein Mönch ein ständiger Übeltäter mit vielen Verstößen. Wenn er von den anderen Mönchen gemaßregelt wird, macht er Ausflüchte, lenkt das Gespräch ab und zeigt Zorn, Hass und Verbitterung; er verfährt nicht richtig, er fügt sich nicht, er kommt nicht ins Reine;
- aber da ist ein anderer Mönch ein ständiger Übeltäter mit vielen Verstößen. Wenn er von den Mönchen gemaßregelt wird, macht er keine Ausflüchte, lenkt das Gespräch nicht ab und zeigt keinen Zorn, keinen Hass und keine Verbitterung; er verfährt richtig, er fügt sich, er kommt ins Reine;
- und da ist ein dritter Mönch ein gelegentlicher Übeltäter ohne viele Verstöße. Wenn er von den Mönchen gemaßregelt wird, macht er Ausflüchte, lenkt das Gespräch ab und zeigt Zorn, Hass und Verbitterung; er verfährt nicht richtig;
- und dann gibt es noch einen vierten Typ Mönch, der ist ein gelegentlicher Übeltäter ohne viele Verstöße. Wenn er von den Bhikkhus gemaßregelt wird, macht er keine Ausflüchte, lenkt das Gespräch nicht ab und zeigt keinen Zorn, keinen Hass und keine Verbitterung; er verfährt richtig
- Auch das Maß des Fortschrittes ist bei den einzelnen Bhikkhus unterschiedlich.

Und daraus folgt doch ganz eindeutig: Unterschiedliche Situationen müssen unterschiedlich beurteilt werden."

Jetzt fasste Bhaddali Vertrauen, und da seine Wissbegier noch nicht gestillt war, so fragte er weiter, was ihn offensichtlich während dieser Regenklausur beschäftigt hatte: "Ehrwürdiger Herr, was ist der Grund dafür, dass es früher viel weniger Übungsregeln gab, und mehr Mönche zur letztendlichen

Erkenntnis gelangten? Umgekehrt auch: was ist der Grund, dass es jetzt mehr Übungsregeln gibt und weniger Mönche zur letztendlichen Erkenntnis gelangen?"

Nunmehr erläuterte der Buddha gern dem wissbegierigen Mönch, warum sich die Dinge so entwickelten: "Das ist so, Bhaddali: wenn sich die Wesen verschlechtern und der wahre *Dhamma* verschwindet, dann gibt es mehr Übungsregeln, und weniger Mönche werden das Ziel erreichen. Der Lehrer macht die Übungsregel für die Schüler nicht eher bekannt, als bestimmte Dinge, Fehlentwicklungen, tiefsitzende Triebe, hier in der Sangha offenbar werden; aber wenn dies der Fall ist, dann macht der Lehrer die Übungsregel für die Schüler bekannt, um jene Dinge, die die Grundlage für Triebe sind, abzuwehren. Und das ist keineswegs der einzige Grund, auch weitere Veränderungen machen eine stringentere Vorgehensweise leider unabdingbar:

- die steigende Größe der Sangha
- der steigende weltliche Gewinn der Sangha
- der steigende Ruhm der Sangha
- die größere Gelehrsamkeit der Sangha
- das gestiegene Ansehen der Sangha."

Danach erinnerte der Buddha Bhaddali an die Anfänge: Es gab nur wenige von euch, Bhaddali, als ich den *Dhamma* durch das Gleichnis vom jungen Vollblut-Hengstfohlen lehrte. Erinnerst du dich daran, Bhaddali?"

"Nein, ehrwürdiger Herr, das ist lange her."

Der Buddha berichtigte ihn: "Bhaddali, das ist nicht der einzige Grund. Wir beide wissen, dass du während meiner Vorträge damals häufig unaufmerksam warst. Dennoch will ich dich das Dhamma durch das Gleichnis vom jungen Vollblut-Hengstfohlen lehren. Höre zu und verfolge aufmerksam, was ich sagen werde."

"Ja, ehrwürdiger Herr", erwiderte Bhaddali artig.

Der Erhabene sagte nunmehr:

"Bhaddali, angenommen ein kluger Zureiter kauft ein gutes Vollblut-Hengstfohlen. Zuerst gewöhnt er es daran, das Zaumzeug zu tragen. Während das Hengstfohlen an das Zaumzeug gewöhnt wird, windet, krümmt und schüttelt es sich, weil es etwas tut, was es noch nie zuvor getan hat und weil es das nicht tun mag, aber durch ständiges Wiederholen und allmähliche Übung wird es friedlich und gewöhnt sich an das Zaumzeug.

Wenn das Hengstfohlen bei jener Handlung friedlich geworden ist, gewöhnt es der Zureiter daran, das Geschirr zu tragen. Während das Hengstfohlen an das Geschirr gewöhnt wird, windet, krümmt und schüttelt es sich, weil es etwas tut, was es noch nie zuvor getan hat und weil es das nicht tun mag, aber durch allmähliche Übung gewöhnt es sich an das Geschirr.

Wenn das Hengstfohlen soweit friedlich geworden ist, gewöhnt es der Zureiter weiter daran, Schritt zu gehen, im Kreis zu laufen, sich aufzubäumen, zu galoppieren, voranzustürmen. Während das Hengstfohlen an diese Dinge gewöhnt wird, widersetzt es sich zunächst wieder, aber durch ständiges Wiederholen und allmähliche Übung wird es friedlich und erlernt alle diese Übungen.

Wenn das Hengstfohlen bei diesen Handlungen friedlich geworden ist, belohnt es der Zureiter, indem er es abreibt und striegelt.

Ebenso, Bhaddali, wenn ein Bhikkhu zehn Qualitäten besitzt, ist er der Geschenke würdig, würdig der Gastfreundschaft durch die Laien, er ist würdig der Gaben, würdig der Ehrerbietung.

Was sind das für zehn Qualitäten? Bhaddali, da besitzt ein Bhikkhu

- die Richtige Ansicht dessen, der die Schulung zu Ende gebracht hat
- die Richtige Absicht dessen, der die Schulung zu Ende gebracht hat
- die Richtige Rede dessen, der die Schulung zu Ende gebracht hat
- das Richtige Handeln dessen, der die Schulung zu Ende gebracht hat
- die Richtige Lebensweise dessen, der die Schulung zu Ende gebracht hat
- die Richtige Anstrengung dessen, der die Schulung zu Ende gebracht hat
- die Richtige Achtsamkeit dessen, der die Schulung zu Ende gebracht hat
- die Richtige Sammlung dessen, der die Schulung zu Ende gebracht hat
- das Richtige Wissen dessen, der die Schulung zu Ende gebracht hat
- die Richtige Befreiung dessen, der die Schulung zu Ende gebracht hat.

Wenn ein Bhikkhu diese zehn Qualitäten besitzt, ist er der Geschenke würdig, würdig der Gastfreundschaft durch die Laien, er ist würdig der Gaben, würdig der Ehrerbietung."

Damit hatte der Buddha den Achtfachen Pfad und in den letzten beiden Punkten das Ziel dieses Pfades erläutert: Weisheit und Befreiung. Und er hatte ebenso deutlich gemacht, dass all dies nur erreicht wird, wenn man in jedem Punkt die Schulung erfolgreich abgeschlossen hat.

Das ist es, was der Erhabene dem Bhaddali in diesem Gespräch vermittelte. Der ehrwürdige Bhaddali war zufrieden und dankbar für die Worte des Erhabenen. Er war einsichtig wie ein Hengstfohlen und konnte mit Erfolg den Dharma praktizieren.

Die Vier Edlen Wahrheiten		
1	*dukkha*	Nichts (außer Nirwana) ist letztlich vollständig befriedigend.
2	Ursache von **dukkha**	Der Grund für *dukkha* liegt in unserem Begehren (Gier), unserer Abneigung (Hass) und der Tatsache zu glauben, dass uns etwas endgültig glücklch machen könnte (Verblendung).
3	Das Ende von **dukkha**	Sind Gier, Hass und Verblendung beseitigt, so ist auch *dukkha* beseitigt.
4	Der Pfad zum Ende von **dukkha**	Es gibt einen Weg zum Ende von *dukkha*: den *Edlen Achtfätigen Pfad*. (Acht Baustellen, an denen du arbeiten musst.) Vergleiche dazu Tabelle S. 52.

Ein leider erfolgloses Lehrgespräch

Originaltitel: Culasakuludayi Sutta - MN 79

Nicht immer war der Buddha erfolgreich, wenn es darum ging, Menschen auf den rechten Pfad zu führen. Beispielhaft sei diese Geschichte erzählt, die sich zutrug, als der Erhabene wieder einmal bei *Rajagaha* im Bambushain war, beim Eichhörnchen-Park. Zur gleichen Zeit wohnte der Wanderasket Sakuludayin im Pfauenpark, dem Park der Wanderasketen, zusammen mit einer großen Versammlung von Wanderasketen.

Da sagte sich der Buddha: Warum sollte ich nicht einmal zu Sakuludayins Versammlung von Wanderasketen gehen? Dort saß Sakuludayin mit einer großen Versammlung von Wanderasketen zusammen, die laut und lärmend alle möglichen sinnlose Gespräche führten, wie zum Beispiel Gespräche über Könige, Räuber, Minister, Heere, Schlachten, Trinken, Kleidung, Parfüm, Verwandte, Fahrzeuge, Frauen, Helden, die Toten, den Ursprung der Welt und anderes völlig Belangloses mehr. Als Sakuludayin den Erhabenen in der Ferne kommen sah, forderte er seine Anhänger auf, diese Gespräche einzustellen, er sagte: "Meine Herren, seid still, macht keinen Lärm. Dort kommt der Mönch *Gotama*, der die Stille vorzieht und die Schweigsamkeit preist. Wenn er feststellt, dass wir still sind, überlegt er sich vielleicht, zu uns zu kommen." Die Wanderasketen taten, wie er es gewünscht hatte.

Der Erhabene trat ein, setzte sich auf dem vorbereiteten Sitz nieder und fragte: "Was habt ihr denn gerade erörtert, bevor ich kam Udayin?"

"Ehrwürdiger Herr, das ist jetzt nicht so wichtig. Wisst Ihr, es ist so: wenn ich nicht zu dieser Versammlung komme, dann sitzen diese Asketen da und führen viele oberflächliche Gespräche. Aber wenn ich dann zur Versammlung gekommen bin, dann sitzen sie da, blicken zu mir auf, und freuen sich, sie denken: 'Lasst uns das hören, was der Mönch Udayin verkündet.' Jedoch wenn Ihr, der Erhabene, kommt, dann sitzen sowohl ich als auch diese anderen Asketen da, blicken zu Euch auf, und denken: 'Lasst uns den *Dharma* hören, den der Erhabene verkündet.'"

"Gut, Udayin, über welches Thema sollte ich denn sprechen?"

"Ehrwürdiger Herr, unlängst hatten wir hier einen Gastredner, der behauptete, allwissend zu sein. Als ich ihm aber dann eine Frage über die Vergangenheit stellte, machte er Ausflüchte, lenkte das Gespräch ab und zeigte Züge von Zorn, von Hass und von Verbitterung. Bei dieser Gelegenheit habe ich an Euch gedacht, Erhabener und mir gesagt 'Bestimmt ist der Erhabene in diesen Dingen bewandert.'"

"So, Udayin, wer war es denn, der da behauptete, allwissend zu sein?"

"Es war der Nacktasket Nataputta, den seine Anhänger Mahavira nennen, ehrwürdiger Herr."

"Udayin, wenn sich jemand an ganz viele frühere Leben erinnert, also an hunderttausend Geburten, an viele Äonen, in denen sich das Weltall kontrahierte, und an viele Äonen, in denen das Weltall expandierte, wenn er also mit dem, was wir das *Himmlischen Auge* nennen, die Wesen sterben und wieder-erscheinen sah, dann könnte entweder er mir eine Frage stellen, oder ich könnte ihm eine Frage stellen, und wir könnten sehen, ob der andere recht hat. Da Nataputta aber leider nicht hier ist, geht das nicht. Also lass die Vergangenheit sein, Udayin, lass die Zukunft sein. Ich werde dich lehren: Wenn dies existiert, ist jenes; mit der Entstehung von diesem, entsteht jenes. Wenn dies nicht existiert, ist jenes nicht; mit dem Aufhören von diesem, hört jenes auf."

"Ehrwürdiger Herr, ich kann mich nicht einmal an alles, was ich in dieser gegenwärtigen Existenz erlebt habe, mit seinen Aspekten und Besonderheiten erinnern, also wie sollte ich mich da an viele frühere Leben erinnern? Aber, ehrwürdiger Herr, als Ihr eben sagtet: 'Lass die Vergangenheit sein, Udayin, lass die Zukunft sein. Ich werde dich lehren: Wenn dies existiert, ist jenes; mit der Entstehung von diesem, entsteht jenes. Wenn dies nicht existiert, ist jenes nicht; mit dem Aufhören von diesem, hört jenes auf', so ist mir das noch viel weniger klar. Vielleicht, ehrwürdiger Herr, könnte ich den Geist des Erhabenen zufriedenstellen, indem ich ihm eine Frage über die Lehre unseres eigenen Lehrers beantworte."

Auf diese Art also verhinderte Udayin, dass der Buddha die wesentlichen Züge seiner Lehre, das Entstehen in Abhängigkeit von Bedingungen erläuterte. Da der Buddha sich aber niemals aufdrängte, kam er auch hier dem Wunsch seines Gegenüber nach und sagte:

"Nun gut, Udayin, dann sage uns, was wird in der Lehre deines eigenen Lehrers gelehrt?"

"Ehrwürdiger Herr, es wird in der Lehre unseres eigenen Lehrers gelehrt: 'Dies ist der vollkommene Glanz!'"

"Aha, Udayin, aber das musst du erläutern: was ist jener vollkommene Glanz?"

145

"Ehrwürdiger Herr, jener Glanz ist der vollkommene Glanz, der von keinem anderen Glanz an Größe und Erhabenheit übertroffen werden kann."

"Das bringt uns aber noch nicht weiter, Udayin, was ist denn nun jener vollkommene Glanz, der von keinem anderen Glanz an Größe und Erhabenheit übertroffen werden kann."

Und abermals antwortete der Asket Udayin: "Ehrwürdiger Herr, jener Glanz ist der vollkommene Glanz, der von keinem anderen Glanz an Größe und Erhabenheit übertroffen werden kann."

Der Buddha war nun beileibe nicht der Meinung, dass man eine Behauptung dadurch beweisen kann, dass man die Behauptung wiederholt und er sagte: "Udayin, du könntest auf diese Weise noch lange fortfahren, aber all´ das bringt uns keinen Schritt weiter. Nehmen wir einmal an, ein Mann würde sagen: 'Ich liebe das schönste Mädchen in diesem Lande.' Dann würdest du ihn vielleicht fragen: 'Guter Mann, jenes schönste Mädchen das du liebst - kennst du ihren Namen und ihre Familie?' und er würde erwidern: 'Nein.' Und wenn du dann weiter fragst: 'Guter Mann, jenes schönste Mädchen in diesem Lande, das du liebst - weißt du, ob sie von dunkler, brauner oder hellerer Hautfarbe ist?' Und seine Antwort wäre wieder: 'Nein.' Du fragst weiter: 'Guter Mann, jenes schönste Mädchen in diesem Lande, das du liebst - weißt du, in welchem Ort sie wohnt?' und er würde abermals erwidern: 'Nein.' Schließlich fragst du ihn: 'Guter Mann, liebst du dann ein Mädchen, das du nie gekannt oder gesehen hast?' und er würde erwidern: 'Ja.' Was meinst du, Udayin, würde die Rede jenes Mannes nicht völligem Unsinn gleichkommen?"

"Sicherlich, ehrwürdiger Herr, die Rede jenes Mannes würde völligem Unsinn gleichkommen."

"Aber auf gleiche Weise, Udayin, sagst du: 'Jener Glanz ist der vollkommene Glanz, der von keinem anderen Glanz an Größe und Erhabenheit übertroffen werden kann', und doch kannst du nicht beschreiben, was jener Glanz ist."

Dann steuerte der Buddha das Gespräch gezielter: "Wie ist das, Udayin, gibt es eine vollständig angenehme Welt? Gibt es einen ausübbaren Weg, um eine vollständig angenehme Welt zu verwirklichen?"

"Ehrwürdiger Herr, es wird in der Lehre unseres eigenen Lehrers gelehrt: 'Es gibt eine vollständig angenehme Welt; es gibt einen ausübbaren Weg, um eine solche vollständig angenehme Welt zu realisieren.'"

"Aber, Udayin, was ist denn jener ausübbare Weg, um eine vollständig angenehme Welt zu verwirklichen?"

"Ehrwürdiger Herr, dieser Weg besteht in einem moralischen Leben. Man enthält sich davon, Lebewesen zu töten; da enthält man sich davon, das zu nehmen, was einem nicht gegeben wurde; man enthält sich von Fehlverhalten bei Sinnesvergnügen; man enthält sich falscher Rede; und ansonsten nimmt man eine bestimmte Form der Askese auf sich und übt sich darin. Dies ist der ausübbare Weg, um eine vollständig angenehme Welt zu verwirklichen."

"Was meinst du, Udayin? Wenn man bei einer bestimmten Gelegenheit das Fehlverhalten bei Sinnesvergnügen aufgibt und sich des Fehlverhaltens bei Sinnesvergnügen enthält, empfindet man dann nur Glück oder sowohl Glück als auch Schmerz?"

"Naja, man empfindet sicher Glück aber es ist auch irgendwie schmerzlich, ein bestimmtes Fehlverhalten, das angenehme Empfindungen bereitet, aufzugeben, ehrwürdiger Herr."

"Was meinst du, Udayin? Wenn man eine bestimmte Form der Askese auf sich nimmt und sich darin übt, empfindet man dann nur Glück oder sowohl Glück als auch Schmerz?"

"Da gibt es dann wohl auch sowohl Glück als auch Schmerz, ehrwürdiger Herr."

"Was meinst du, Udayin? Kommt dann die Verwirklichung einer vollständig angenehmen Welt zustande, indem man einem Weg folgt, der aus einer Mischung von Glück und Schmerz besteht?"

Der Wanderasket Udayin sah sich in die Enge gedrängt und so fragte er zurück: "Aber wie verhält es sich damit, ehrwürdiger Herr, gibt es eine nun vollständig angenehme Welt? Gibt es denn einen ausübbaren Weg, um eine vollständig angenehme Welt zu verwirklichen."

"Doch Udayin, es gibt eine vollständig angenehme Welt, Udayin; es gibt einen ausübbaren Weg, um eine vollständig angenehme Welt zu verwirklichen."

"Und was ist jener ausübbare Weg, um eine vollständig angenehme Welt zu verwirklichen?"

Daraufhin legte der Erhabene den **Edlen Dreifachen Pfad**, der aus Ethik, Meditation und Weisheit besteht dar, indem er insbesondere die Stufe der Meditation ausführlich erläuterte, er zeigte auf, wie der schmerzliche Verlust einiger Sinnesfreuden durch den Gewinn der sehr positiven Vertiefungsfaktoren **pamojja**, **piti**, **passaddhi** und **sukkha** mehr als aufgewogen wird. Das überzeugte den Wanderasketenführer: "Großartig, ehrwürdiger Herr! Der **Dhamma** ist vom Erhabenen klar gemacht worden, so als ob er eine Lampe gehalten hätte, damit die Sehenden die Dinge in der Dunkelheit erkennen können. Ich nehme Zuflucht zum Erhabenen und zum Dhamma und zur **Sangha** der Bhikkhus. Ich würde gerne unter dem Erhabenen in die Hauslosigkeit ziehen, ich würde gerne die Ordination erhalten."

Das jedoch gefiel seinen Schülern ganz und gar nicht, denn sie fürchteten ihren Lehrer und alle die Annehmlichkeiten, die das nachlässige Praktizieren bietet, zu verlieren, sie sagten daher: "Führe nicht das heilige Leben unter dem Mönch Gotama, Meister Udayin. Nachdem du bereits ein Lehrer geworden bist, Meister Udayin, dann lebe doch nicht mehr als Schüler, das wäre doch ein Rückschritt an Reputation."

Der Wanderasket Sakuludayin gab seinen Schülern nach - und vermutlich auch seinem Ego, dem die Rolle des Lehrers mehr schmeichelte als die Rolle des Schülers. Der Erhabene aber ging jetzt auf Almosengang.

Das Sechs-Sinne-Gebiet (salayatana)		
Sinn	**Sinnesorgan**	**Bewusstsein**
1 Sehen	Auge	Seh-Bewusstsein
2 Hören	Ohr	Hörbewusstsein
3 Riechen	Nase	Riechbewusstsein
4 Schmecken	Zunge	Schmeckbewusstsein
5 Tasten	Haut	Tastbewusstsein
6 Denken	Gehirn	Denkbewusstsein

Punna bei den Wilden

Originaltitel: Punnovada Sutta - MN 145

Als sich dieses Gespräch zutrug, war der **Erhabene** in **Anathapindikas Bhikkhuheim** im **Jeta-Hain** bei **Savatthi**, wo viele buddhistische Mönche die Regenzeit verbrachten. Diese ging nun ihrem Ende entgegen und es wurde allmählich Zeit, dass die Mönche ihre Wanderschaft wieder aufnahmen. Etliche nutzten diese letzten Tage vor dem Aufbruch dazu, sich von **Ananda** auf die Audienzliste des Buddha setzen zu lassen. Der Mönch Punna ging auf diese Weise auch zur Audienz beim Buddha und bat ihn: "Ehrwürdiger Herr, es wäre gut, wenn der **Erhabene** mir einen kurzen Rat geben würde. Wenn ich den **Dhamma** vom Erhabenen gehört habe, will ich allein leben, zurückgezogen, eifrig und entschlossen."

Der Rat, den der Buddha ihm gab, gebe ich hier nicht im Einzelnen wieder, er ist das Übliche: er rät ihm zum Loslassen, zum Nicht-Anhaften. Interessanter scheint mir das sich anschließende Gespräch:

"Nachdem ich dir nun diesen kurzen Rat gegeben habe, Punna, in welchem Land willst du künftig leben, wo möchtest du den Dhamma verbreiten?"

"Ehrwürdiger Herr, ich habe vor, im Land Sunaparanta zu leben." *Dazu sollte man wissen, dass der Erhabene selbst nie das Land Sunaparanta aufgesucht hatte, da die Leute von dort einen extrem schlechten Ruf hatten.*

Besorgt fragte der Buddha ihn: "Punna, die Leute von Sunaparanta sind extrem wild und grob. Wenn sie dich beleidigen und dich beschimpfen, was wirst du dann denken?"

"Ehrwürdiger Herr, wenn die Leute von Sunaparanta mich beleidigen, wenn sie mich beschimpfen, dann werde ich denken: 'Diese Leute von Sunaparanta sind ein Glücksfall, ein wirklicher Glücksfall, sie hätten mich schließlich auch mit Faustschlägen traktieren können.'"

"Punna, die Leute von Sunaparanta sind vielleicht noch wilder und grober, als du denkst. Wenn sie dir doch einen Faustschlag versetzten, was wird dann in deinem Geist vorgehen?"

"Ehrwürdiger Herr, wenn die Leute von Sunaparanta mich doch mit Fäusten traktieren, dann werde ich denken: 'Diese Leute von Sunaparanta sind ein Glücksfall, ein wirklicher Glücksfall, sie hätten ja auch mit Steinen nach mir werfen können.'"

"Aber, wenn diese Leute doch Steine nach dir werfen, was wirst du dann denken?"

"Wenn die Leute von Sunaparanta doch Steine auf mich werfen, dann werde ich denken: 'Diese Leute von Sunaparanta sind ein Glücksfall, ein wirklicher Glücksfall, schließlich hätten sie mich auch mit Knüppeln verprügeln können.'"

"Und wenn die Leute von Sunaparanta doch zum Knüppel greifen, was dann?"

"Wenn diese Leute mich mit einem Knüppeln schlagen, werde ich denken: 'Diese Leute von Sunaparanta sind ein Glücksfall, denn sie hätten schließlich auch mit dem Messer auf mich einstechen können.'"

"Wenn sie dich aber doch mit dem Messer verletzen?"

"Dann werde ich denken: 'Diese Leute von Sunaparanta sind ein Glücksfall, insofern sie mir mit dem scharfen Messer nicht das Leben genommen haben.' "

"Aber, Puna, wenn die Leute von Sunaparanta dir doch mit einem scharfen Messer das Leben nehmen, was wird dann dein letzter Gedanke sein?"

"Ehrwürdiger Herr, wenn die Leute von Sunaparanta mir mit einem scharfen Messer das Leben nehmen, werde ich denken: 'Es hat Schüler des Erhabenen gegeben, die, vom Körper und vom Leben geplagt und die unter chronischen Schmerzen litten und sich wünschten, sie würden umgebracht. Aber mir wird das Leben mit dem Messer genommen, ohne dass ich danach trachten musste.' So werde ich dann denken, Erhabener."

Nun willigte der Buddha ein: "Gut, gut, Punna. Mit derartiger Selbstkontrolle und Friedfertigkeit wirst du in der Lage sein, im Land Sunaparanta zu leben. Jetzt, Punna, ist es an der Zeit, das zu tun, was du für richtig hältst. Mögest du diese Einstellung auch im Ernstfall nicht verlieren!"

Dann stand der ehrwürdige Punna auf und nahm Abschied. Danach brachte er seine Lagerstätte in Ordnung, nahm seine Schale und äußere Robe und machte sich auf den Weg, um in das Land Sunaparanta zu wandern.

Nachdem er in Etappen gewandert war, gelangte er endlich im Land Sunaparanta an, und dort lebte er fortan. Und in diesem Land fand Punna - allen Widrigkeiten zum Trotz - fünfhundert Laienanhänger und fünfhundert Laienanhängerinnen, unterwies sie in der Dhammapraxis, er selbst erlangte dort endgültiges **Nirwana**.

Stufen der Heiligkeit

Bezeichnung	Wiederkehr	Ist befreit von?
Strom-eingetretener	kehrt nur noch wenige Male ins Leben zurück	Persönlichkeitsglaube, Zweifelsucht, Hängen an Ritualen
Einmalwieder-kehrer	kehrt nur noch einmal ins Leben zurück	sinnliches Begehren und Hass (in gröberer Form)
Nichtwieder-kehrer	erscheint in einer feinkörperlichen Welt und gelangt von dort ins Nirwana	sinnliches Begehren und Hass (auch in subtiler Form)
Arahat	kehrt nie wieder, ist befreit	Existenz als abgegrenztes Wesen

Lebensrad und Spiralpfad

Dhammadinna war die Ehefrau von Visakha, einem reichen Kaufmann aus *Rajagaha*, der Hauptstadt von *Maghada*. Visakha war sogar mit dem *Raja* von Maghada, *Bimbisara* befreundet.

Als der Buddha wieder einmal im Bambushain von Rajagaha weilte, ging Visakha dorthin, um einer Lehrrede des Erleuchteten zu lauschen. Visakha war nicht nur ungeheuer beeindruckt von diesem Vortrag, er wurde vielmehr völlig aus seiner bisherigen Bahn geworfen. Am Ende der Lehrrede hatte Visakha die dritte Stufe der Heiligkeit erreicht, er war zum *Nichtwiederkehrer* geworden.

Visakha berichtete seiner Frau von der Unerhörtheit seines Erlebnisses und auch Dhammadinna war beeindruckt. Sie entschloss sich, dem weltlichen Leben zu entsagen und nach *Erleuchtung* zu streben. Visakha respektierte den Entschluss seiner Frau. Er ging zu König Bimbisara, um ihn von der Entscheidung Dhammadinnas in Kenntnis zu setzen, und dieser war so erfreut über diese Entwicklung, dass er einen goldenen Pavillon aufbauen ließ, in dem die buddhistischen Nonnen Dhammadinna ordinierten. Der Buddha war selbstverständlich nicht zugegen, denn der Nonnenorden regelte alle seine Geschäfte in völliger Unabhängigkeit von den Mönchen und auch vom Buddha. Dann zog die Frischordinierte mit dem Nonnenorden weiter. Dhammadinna praktizierte eifrig und erlangte schon bald die **Arahat**schaft, die vierte und höchste Stufe der Heiligkeit.

Einige Zeit später kehrte Dhammadinna in den Bambushain zurück, denn dort weilte der Buddha, dessen Lehrreden Dhammadinna lauschen wollte. Visakha war natürlich gespannt, Dhammadinna wiederzusehen und war interessiert daran, ihre spirituellen Fortschritte zu sehen. Eigentlich glaubte Visakha nicht, dass seine Frau besonders weit gekommen war. In Wirklichkeit wollte er nur hören, ob sie irgendetwas begriffen hatte. Aber schon nach wenigen Sätze wurde ihm klar, dass das, was sie sagte, tiefgründig war und dass sie − eine Frau! − dabei war, ihn zu belehren. Das war im damaligen Indien völlig ungewöhnlich, aber Dhammadinna war durch ihre Zeit im Nonnenorden nicht nur zur vollen Erleuchtung gekommen, sie war auch selbstbewusst genug, es sich wie selbstverständlich herauszunehmen, auch Männer zu belehren, wenn diese ihr Fragen stellten.

So stellte Visakha ihr tiefgründige Fragen, zum Beispiel: „Was, meine liebe Dhammadinna, ist wohl die Natur des Selbst?" Und dann lehnte er sich zurück, um zu hören, ob sie denn etwas von der Lehre begriffen habe.

„Das Selbst, werter Visakha, besteht aus fünf Konglomeraten, den **khandhas**, und dass es entsteht kommt durch unser Verlangen, also vergeht es, wenn unser Verlangen schwindet. Nur so kann man zur Selbstlosigkeit kommen, zu **anatta**, was die unabdingbare Voraussetzung zur Erleuchtung ist."

Dann erläuterte Dhammadinna ihrem Ex-Mann den **Edlen Achtfältigen Pfad** und schließlich kam sie auf zwei unterschiedliche Arten von Bedingtheit zu sprechen:

„Nun ist Bedingtheit nicht immer von gleicher Art, werter Visakha. Es gibt vielmehr zwei Grundformen der Bedingtheit, die im Universum wie im menschlichen Leben wirken. Die erste können wir als die „kreisförmig verlaufende" oder „reaktive" Art der Bedingtheit bezeichnen. Die zweite ist gewissermaßen aufwärtsgerichtet, weiterführend, fortschreitend. Im Fall der kreisförmigen Form von Bedingtheit läuft ein Prozess nach dem Schema Aktion-Reaktion zwischen Gegensatzpaaren ab: Freud wechselt mit Leid, Glück mit Unglück, Verlust mit Gewinn und - im größeren Zusammenhang einer ganzen Reihe von Leben - Geburt mit Tod. In diesem Zusammenhang ist auch die Lehre von der **Wiedergeburt** zu sehen: Geisteszustände vergehen nicht dauerhaft, sondern kehren wieder, man sagt sie werden *wieder-geboren*.

Demgegenüber zeichnet sich die aufwärtsgerichtete Art der Bedingtheit durch eine allmähliche Entwicklung aus, wie zwischen Faktoren, die einander fortschreitend steigern. Hier verstärkt der folgende Faktor die Wirkung des vorhergehenden, statt ihm entgegenzuwirken oder ihn aufzuheben. In Abhängigkeit von Freude (***pamojja***) entsteht beispielsweise nicht Leid, sondern Extase (***piti***). In Abhängigkeit von solcher Extase entsteht nicht Unglück, sondern Glückseligkeit (***sukha***). In Abhängigkeit von sukha entsteht ***samadhi*** - tiefe Meditation, die letztlich zur Einsicht führt.

Da gibt es mit anderen Worten eine ***samsarische***, zyklische, reaktive Tendenz innerhalb der konditionierten Existenz, in der die einzelnen Geisteshaltungen sich mit ihrem Gegenteil abwechseln und andererseits gibt es da eine ***nirwanische***, kreative und aufwärtsgerichtete Tendenz, in der sich die positiven Geisteszustände gegenseitig verstärken. Dies auf der Basis von ***saddha***, von Zufluchtnahme zum Buddha, zu seiner Lehre und zur Gemeinschaft der Heiligen zu entwickeln, ist die Aufgabe des spirituellen Lebens. So erreicht man letztendlich Nirwana."

„Und wohin", fragte Visakha weiter, „führt dann *Nirwana*?"

„Damit gehst du einen Schritt zu weit, mein lieber Visakha. Du übersiehst, dass es eine Grenze für solcherlei Fragen gibt. Der Kulminationspunkt des spirituellen Lebens ist *Nirwana* – das ist das Ende." Und als sie seinen ungläubigen Blick sah, ergänzte Dhammadinna: „Geh´ hin zum Buddha, er ist in der Stadt, frage ihn und merke dir gut, was er dir sagt."

In der Tat ging Visakha zum Buddha, denn neben der letzten Aussage verwunderte ihn insbesondere die Darstellung des zyklischen Pfades und des *Spiralpfades*. Er hatte schon viel vom Dharma gehört, jedoch diese Darstellung war ihm – wie den meisten Buddhisten bis zum heutigen Tag – noch nicht zu Ohren gekommen. Und er fragte sich besorgt, ob das wirklich die Lehre des Buddha war, oder vielleicht etwas, was sich diese Nonnen ausgesponnen hatten! Also begab sich Visakha zum Buddha.

„Erhabener, ich habe lange Eure Lehre studiert. Heute habe ich mit einer Nonne gesprochen, mit Dhammadinna, die im früheren Leben meine Frau war. Sie hat mir eine sehr eigentümliche Auslegung des Dhamma gegeben."

„So, Visakha, du hast mit Dhammadinna gesprochen, das ist eine außergewöhnlich kluge Nonne, was hat sie denn gesagt?"

Und dann wiederholte Visakha die gesamte Darstellung Dhammadinnas, insbesondere die Darstellung des zyklischen Pfades, also des Lebensrades, einerseits und des merkwürdigen aufwärtsgerichteten Pfades, von dem Dhammadinna gesprochen hatte, andererseits. Und Visakha endete mit den Worten: „Genau so hat Dhammadinna es geschildert, Erhabener, wie beurteilt ihr diesen Sachverhalt?"

„Mein lieber Visakha, Dhammadinna ist eine ganz außerordentliche **Bhikkhuni**. Genauso wie Dhammadinna es euch erläutert, mit genau denselben Worten hätte ich es euch erläutert. Dhammadinna verkündet in der Tat *Buddhavacana*, das heißt, ihre Worte sind von der Weisheit eines Buddha. Sie ist eine Erleuchtete - und ist darüber hinaus nicht nur mit einem scharfen Verstand, sondern auch mit einer bewundernswerten Lehrfähigkeit begabt."

Soweit der Kommentar des Buddha. Und wenn denjenigen unter euch, die schon länger zu Meditation am Obermarkt in Gelnhausen kommen, das, was Dhammadinna da gesagt hat, irgendwie bekannt vorkommt, so ist das nicht sehr verwunderlich. Es ist letztendlich das, was ich an der Wand des Meditationsraumes bildlich dargestellt habe, die Lehre vom zyklischen Leben im **Samsara** *und vom* **Spiralpfad**, *der zur Erleuchtung führt. Es ist das, was wir bei* **Triratna** *lehren. Die Lehre des Buddha, angelehnt an eine Formulierung der ehrwürdigen Bhikkhuni Dhammadinna und für uns in zeitgemäßen Begriffen formuliert von* **Sangharakshita**.

Tabelle: Spiralpfad

Der Spiralpfad – vom Buddha als *upanisas* bezeichnet, was Kette unterstützender Bedingungen heißt, wobei die jeweils niedrigere Stufe die Entstehung der folgenden begünstigt bzw. ermöglicht – ist eine Darstellung, was sich, während Dharma-übende praktiziert, allmählich ändert, und zwar letztendlich bis zur Erleuchtung. Im Sanskrit-Kanon ist eine etwas ausge-arbeitetere Variante enthalten als im Palikanon. Hier sind beide einander gegenübergestellt.

Stufe	pali	sanskrit	deutsch
1	dukkha	duhkha	Unangenehmes
2	saddha	sraddha	gläubiges Vertrauen
2a		yoniso manaskara	weise Aufmerksamkeit
2b		smrti samprajanya	Wissensklarheit
2c		indiya samvara	Zügelung der Sinne
2d		sila samvara	Ethische Zügelung
2e		avipratsara	Gewissensreinheit
3	pamojja	pramodya	Freude
4	piti	priti	Verzückung
5	passadhi	prasrabdhi	Beruhigung
6	sukha	sukha	Glückseligekit
7	samadhi	samadhi	Sammlung
8	yathabhuta Nanadassana	yathabhuta Jnanadarsana	Wissen und Sehen, wie es wirklich ist
9	nibbida	nirveda	Rückzug
10	viraga	vairagya	Leidenschaftslosigkeit
11	vimutti	vimukti	Befreiung
12	assavakaya nana	asravakaya jnana	Wissen um die Zerstörung der Triebe

Der Wachstumskritiker

Magandiya Sutta - MN 75

Als diese Geschichte geschah, war der Erhabene im Lande Kuru bei einer Stadt der Kurus namens Kammasadhamma. Er übernachtete dort auf einem Heulager in der Feuerkammer eines Brahmanen, der dem Bharadvaja-Klan angehörte.

An diesem Tage ging der Wanderasket Magandiya, während er aus gesundheitlichen Gründen wanderte, zur Feuerkammer des Brahmanen. Dort sah er ein Heulager vorbereitet, und fragte den Brahmanen: "Du hast wohl einen Übernachtungsgast. Für wen ist dieses Heulager in Meister Bharadvajas Feuerkammer vorbereitet worden? Es scheint das Bett eines Mönchs zu sein."

Der antwortete: "Meister Magandiya, da gibt es den Mönch **Gotama**, den Sohn der **Sakya**, der ein vollständig *Erleuchteter*, ein Erwachter, ein Erhabener ist. Dieses Bett ist für Meister Gotama vorbereitet worden."

Da sprach der Wanderasket: "In der Tat, Meister Bharadvaja, es ist ein schlimmer Anblick für uns, wenn wir das Bett jenes Zerstörers von Wachstum, Meister Gotama, sehen."

(Anmerkung des Erzählers: Dieses Zitat ist wörtlich aus der Paliübersetzung von Mettiko Bhikkhu übernommen. Es scheint so, dass es schon damals eine Wachstumsdiskussion gab, dergestalt, dass manche das "Immer-mehr-Habenwollen" kritisierten und der Genügsamkeit das Wort redeten, wie der Buddha, während der Mainstream der Sinnengier verfallen war.)

Der Wanderasket hatte gesagt: "In der Tat, Meister Bharadvaja, es ist ein schlimmer Anblick für uns, wenn wir das Bett jenes Zerstörers von Wachstum, Meister Gotama, sehen."

Der Brahmane Bharadvaja entrüstete sich darüber: "Gib acht, was du sagst, Magandiya! Viele gebildete Adelige, gebildete Brahmanen, gebildete Haushälter und gelehrte Mönche haben volles Vertrauen zu Meister Gotama, und sind von ihm im edlen wahren Weg, im Dhamma, das heilsam ist, geschult worden."

Es heißt, der Erhabene habe dies mit seinem *Himmlischen Ohr* gehört und, als er zu seiner Lagerstatt kam, fragte er seinen Gönner: "Bharadvaja, hattest du irgendeine Unterhaltung mit dem Wanderasketen Magandiya über dieses Heulager?"

Dem Brahmanen standen vor Schreck darüber, dass der Buddha davon wusste, die Haare zu Berge, doch bevor er sich rechtfertigen konnte, tauchte auch der Wanderasket Magandiya auf. Der Erhabene sagte zu ihm:

"Magandiya, das Auge ist in Formen verliebt, liebt Formen, erfreut sich an Formen; der *Tathagata* hat aber sein Auge gezähmt, und er lehrt den *Dhamma* für dessen Kontrolle. War das vielleicht der Grund, dass du sagtest: 'Der Mönch Gotama ist ein Zerstörer des Wachstums'?"

Wahrheitsgemäß bejahte der Wanderasket die Frage des Buddha. Wie üblich wurden nach dem Auge und den Formen, die dieses sieht, auch die anderen Sinnesorgane durchdekliniert. Danach ging die Geschichte weiter, indem der Buddha Fragen an den Wanderasketen richtete:

"Was meinst du, Magandiya? Da hat sich vielleicht jemand früher mit sichtbaren Phänomenen, die erwünscht, begehrt, angenehm und liebenswert sind, die Begierde hervorrufen, vergnügt. Bei einer späteren Gelegenheit, nachdem er den Ursprung, das Verschwinden, die Befriedigung, die Gefahr und

162

das Entkommen von dieser Gefahr in Bezug auf sichtbaren Phänomene kennt, könnte er das Begehren nach Formen überwunden haben und ohne Durst, mit befriedetem Geist verweilen. Was würdest du zu ihm sagen, Magandiya?" - "Öh, nichts, Meister Gotama, da würde ich gar nichts zu sagen."

Und auch dieses wurde nach den mit dem Auge sichtbaren Phänomenen auch durch die anderen Sinnesorgane durch- dekliniert. Danach spricht der Buddha über seine persönliche Erfahrung: "Magandiya, früher, als ich ein Leben zu Hause führte, vergnügte ich mich mit allen Sinnenbegierden. Ich hatte drei Paläste, einen für die Regenzeit, einen für den Winter und einen für den Sommer. Ich hielt mich die vier Monate der Regenzeit über im Regenzeit-Palast auf, und vergnügte mich mit Tänzerinnen und Musikantinnen.

"Dann später überwand ich das Begehren nach Sinnes- vergnügen, und ich verweile ohne Verlangen, mit einem Geist, der inneren Frieden hat. Ich sehe andere Wesen, die nicht frei von Sinnesbegierde sind, die vom Begehren nach Sinnes- vergnügen verzehrt werden, die vor Fieber nach Sinnes- vergnügen brennen, die in Sinnesvergnügen schwelgen, und ich beneide sie nicht, auch ergötze ich mich nicht daran. Warum ist das so? Magandiya, weil es eine Freude gibt, jenseits von Sinnesvergnügen, jenseits von unheilsamen Geisteszuständen, eine Freude, die himmlische Glückseligkeit übertrifft. Da ich mich an jenem erfreue, beneide ich nicht, was geringer ist, und selbstverständlich ergötze ich mich nicht daran.

"Angenommen, Magandiya, es gäbe einen Leprakranken mit Wunden und Blasen an den Gliedern, der mit den Fingernägeln den Schorf von seinen wunden Stellen kratzte und seinen Körper zur Erleichterung über einer Grube mit brennender Holzkohle hielt, der also versuchte, Schmerz mit Schmerz zu übertönen. Dann aber haben seine Freunde einen Arzt herbeigeholt, um ihn zu behandeln. Dieser Arzt bereitet

Medizin für ihn zu, und der Mann wird von der Lepra geheilt, er würde gesund und glücklich sein, unabhängig, sein eigener Herr, in der Lage zu gehen, wohin es ihm beliebt. Dann aber würden ihn zwei starke Männer an den Armen packen und in Richtung einer Grube mit brennender Holzkohle schleppen. Was meinst du, Magandiya? Würde dieser Mann seinen Körper drehen und winden, um dem zu entkommen?"

"Selbstverständlich, Meister Gotama, die Berührung jenes Feuers ist äußerst schmerzhaft."

"Was meinst du, Magandiya? Ist die Berührung jenes Feuers nur jetzt schmerzhaft, heiß und sengend oder war die Berührung jenes Feuers auch früher schon schmerzhaft, heiß und sengend, als der Mann noch Lepra hatte?"

"Meister Gotama, die Berührung jenes Feuers ist jetzt schmerzhaft und sie war auch früher schon schmerzhaft. Als jener Mann ein Leprakranker war, mit Wunden und Blasen an den Gliedern, waren seine Sinne beeinträchtigt; daher nahm er die Hitze des Feuers fälschlicherweise als angenehm wahr."

"Siehst du, Magandiya, die Berührung von Sinnesvergnügen in der Vergangenheit war ebenso schmerzhaft und heiß; in der Zukunft wird die Berührung von Sinnesvergnügen schmerzhaft und heiß sein; und jetzt in der Gegenwart ist die Berührung von Sinnesvergnügen ebenso. Aber die Wesen, die vom Begehren nach Sinnesvergnügen verzehrt werden, die vor Fieber nach Sinnesvergnügen brennen, haben Sinne, die beeinträchtigt sind; daher, obwohl die Berührung der Sinnesvergnügen in Wirklichkeit schmerzhaft ist, nehmen sie sie fälschlicherweise als angenehm wahr."

An dieser Stelle sprach der Erhabene einen Vers: aus:

"Das größte Gut ist die Gesundheit,
Nirwana ist das größte Glück,

Der beste Pfad ist der Achtfache,
Der sicher zum Todlosen führt. "

Nach diesen Worten sagte der Wanderasket Magandiya zum Erhabenen: "Es ist wunderbar, Meister Gotama, es ist erstaunlich, wie gut jenes von Meister Gotama ausgedrückt worden ist:

'Das größte Gut ist die Gesundheit,
Nirwana *ist das größte Glück.'*

Auch ich habe dieses Gedicht schon von früheren Wanderasketen in der Tradition unserer Lehrer gehört, und wir stimmen dem zu, Meister Gotama." Dabei hatte er jedoch den zweiten Teil weggelassen und damit verkannt, dass nur der **Edle Achtfältige Pfad** zum Nirwana führt. Und daher musste der Buddha ihn erneut aufklären:

"Magandiya, angenommen, da wäre ein von Geburt an Blinder, der würde einen Mann mit guten Augen sagen hören: 'Meine Herren, gut ist ein weißes Tuch, hübsch, fleckenlos und sauber!' Dann macht sich der Blinde auf die Suche nach einem weißen Tuch. Jetzt kommt ein Händler mit einem schmutzigen Kleidungsstück und betrügt ihn, indem er sagt: 'Guter Mann, hier ist ein weißes Tuch für dich, hübsch, fleckenlos und sauber.' Der Blinde nimmt es an, er trägt es, und stolz sagt er: 'Meine Herren, gut ist in der Tat ein weißes Tuch, hübsch, fleckenlos und sauber, so wie das meine!' Was meinst du, Magandiya? Als jener blind geborene Mann jenes schmutzige, besudelte Kleidungsstück anzog, und, weil er damit zufrieden war, und äußerte: 'Meine Herren, gut ist in der Tat ein weißes Tuch, hübsch, fleckenlos und sauber, so wie das meine!' - handelte er so, weil er wusste und sah, oder aus Vertrauen in den Mann mit dem guten Augenlicht?"

"Ehrwürdiger Herr, er würde so gehandelt haben, ohne zu wissen und zu sehen, nur aus Vertrauen in den Mann mit dem guten Augenlicht."

"Und genau so, Magandiya, sind die Wanderasketen anderer Sekten blind und ohne Schauung. Sie kennen Gesundheit nicht, sie sehen Nirwana nicht, und doch äußern sie dieses Gedicht so:

'Das größte Gut ist die Gesundheit,
Nirwana ist das größte Glück.'

Dieses Gedicht wurde schon von den früheren vollständig Erleuchteten jedoch so geäußert, achte bitte auf den entscheidenden Unterschied:

'Das größte Gut ist die Gesundheit,
Nirwana ist das größte Glück,
Der beste Pfad ist der Achtfache,
Der sicher zum Todlosen führt.'

Jetzt ist die erste Hälfte allmählich unter Weltlingen geläufig geworden. Und obwohl dieser Körper, Magandiya, Quell des Leidens ist, sagst du in Bezug auf diesen Körper: 'Dies ist Gesundheit, Meister Gotama, dies ist Nirwana.' Du besitzt nicht jene edle Schauung, Magandiya, mit deren Hilfe du Gesundheit kennen und Nirwana sehen könntest."

Der Buddha hielt dann noch einen Vortrag über die Grundzüge des Dharma. Da bemerkte der Wanderasket, dass er bislang in der Tat nur nach Hörensagen gegangen war, der Buddha jedoch die Dinge richtig sah und lehrte, und so äußerte er:

"Ich habe folgendes Vertrauen in Meister Gotama. Meister Gotama ist fähig, mich das Dhamma auf eine Weise zu lehren, dass es mir möglich wird, Gesundheit zu kennen und Nirwana zu sehen."

"Dann, Magandiya, verkehre mit aufrechten Menschen. Wenn du mit aufrechten Menschen verkehrst, wirst du das wahre Dhamma hören. Wenn du das wahre Dhamma hörst, wirst du dem wahren Dhamma gemäß üben. Wenn du dem wahren Dhamma gemäß übst, wirst du für dich selbst wissen und sehen: 'Dieses sind Krankheiten; aber diese Krankheiten hören ohne Überbleibsel auf. Mit dem Aufhören meines Anhaftens endet das Werden; mit dem Aufhören von Werden endet die (Wieder-)Geburt; mit dem Aufhören von Geburt hört Altern, Tod, Sorge, Klagen, Schmerz, Trauer und Verzweiflung auf. So ist das Aufhören dieser ganzen Masse von *dukkha*.'"

Nach diesen Worten sagte der Wanderasket Magandiya: "Großartig, Meister Gotama! Großartig, Meister Gotama! Der Dhamma ist von Meister Gotama auf vielfältige Weise klar gemacht worden, so als ob er Umgestürztes aufgerichtet, Verborgenes enthüllt, einem Verirrten den Weg gezeigt oder in der Dunkelheit eine Lampe gehalten hätte, damit die Sehenden die Dinge erkennen können. Ich nehme Zuflucht zu Meister Gotama, zum Dhamma und zur Sangha der Bhikkhus. Ich würde gerne unter dem Erhabenen in die *Hauslosigkeit* ziehen, ich würde gerne die Ordination erhalten."

Und so wurde der Wanderasket Magandiya nach der üblichen Probezeit ordiniert, denn er hatte seine Begierde, sein Verlangen nach immer mehr vom Weltlichen, überwunden. Er war vom materiellen Wachstumswahn befreit. Er praktizierte ernsthaft und wurde so zu einem weiteren Heiligen, einem *Arahant*, er erreichte endgültiges Nirwana.

Das Bild aus unserem Meditationsraum zeigt den Spiralpfad, der aus dem Rad des bedingten Entstehens herausführt und zum Nirwana (dargestellt durch fünf Buddhas im Bild oben) führt. Die Stufen des Spiralpfades sind erläutert auf Seite 160.

Begriffserklärungen

Abgeschiedenheit – siehe *viraga*

abhängiges Entstehen siehe *Bedingtes Entstehen*

Abneigung – (milde Form von Hass) eines der drei Wurzelübel, das der Praktizierende völlig zu überwinden hat.

Adel, Adlige – Frühere Übersetzungen sprachen von der Kriegerkaste. Tatsächlich handelt es sich um eine Bevölkerungsschicht, die dem europäisch-mittelalterlichen Rittertum entspricht. Die Angehörigen dieser *Kaste* waren angesehene Staatsdiener.

Alara Kalama – erster Meditationslehrer *Siddharthas,* er lehrte eine Meditation, die bis ins „Nichtsheitsgebiet" führt, die siebte von acht Stufen der meditativen Vertiefung.

Almosengang – die besitzlosen Mönche gingen vormittags mit einer Bettelschale von Tür zu Tür, die Haushaber gaben ihnen als Almosen Nahrung in diese Schale, was für den Geber gutes *Karma* bedeutete.

Ananda – Freund, Gefährte, Neffe und Sekretär des Buddha

Anathapindika – reicher Kaufmann aus *Savatthi,* der ein Anhänger des Buddha war

anatta - „Nicht-Ich". Da alles abhängig von Bedingungen Entstandene vergänglich ist, kann es keinen festen unveränderlichen Wesenskern haben, also gibt es auch nicht so etwas wie ein festes „Ich". *Anatta* ist eine der drei *Lakshanas*, der buddh. Grunderkenntnisse über alles Existierende (die beiden anderen sind *dukkha* und *anicca*); der *anatta*-Gedanke ist <u>das</u> Alleinstellungsmerkmal des Buddhismus.

anicca – Vergänglichkeit, ähnlich dem abendländischen Vanitasgedanken. Alles was in Abhängigkeit von Bedingungen entstanden ist, verändert sich und vergeht. Anicca ist eines der drei Lakshanas, der Grunderkenntnisse über alles Existierende (die anderen sind *dukkha* und *annata*).

Ansichten – (ditthi) sind etwas, das der Buddha ablehnt, da Ansichten immer Betrachtung aus einem bestimmten Blickwinkel sind. Demgegenüber bedeutet Vollkommene Ansicht (samma ditthi) etwas in seiner Soheit anzunehmen, ohne dass Teilaspekte überwiegen oder Projektionen die Ansicht trüben.

Arahat (Arahant) – Heiliger, vollkommen Erleuchteter (Tabelle S. 154)

atman – indisches Wort für Seele, im Hinduismus ein fester uns innewohnender Wesenskern, der von einem Leben ins nächste weiterwandert und das Ziel hat, sich irgendwann mit dem *Brahman*, dem Göttlichen, zu vereinen. Der Buddha verwarf den Glauben an einen atman. Der Geist besteht – wie der Körper – aus einer Vielzahl von einzelnen Prozessen, die sich in Abhängigkeit sich wandelnder Bedingungen ständig ändern.

avijja - „Verblendung", eines der drei Grundübel, man kann auch „irrige Projektionen" dazu sagen. Avijja ist in der *nidana*-Kette des *bedingten Entstehens* das erste Glied.

Ayya Khema - bekannteste deutsche buddhistische Nonne des 20. Jahrhunderts und Autorin zahlreicher guter Bücher über Buddhismus und Meditation. Sie hat u. a. ein *Retreat*haus im Allgäu gegründet.

Bedingtes Entstehen – zentrale buddh. Lehre: alles (in *Samsara*) entsteht in Abhängigkeit von Bedingungen. Entfallen diese Bedingungen, so erlischt das Produkt der Bedingungen. Vergleiche auch *paticcasamuppada*. **(Grafik auf Seite 52)**

Befreiung siehe *vimukti*

Begierde - (=Gier) eines der drei Wurzelübel, das die/der Praktizierende völlig zu überwinden hat.

Bewusstsein – Synonym für Geist, aber nicht für Seele, denn das Seelenkonzept setzt eine ewige Entität voraus, während sich das Bewusstsein ständig infolge von Einflüssen und Lernprozessen ändert.

Bewusstseinselement – dieses sechste Element (neben Erde, Wasser, Feuer, Wind und Raum) beinhaltet alles Geistige, alles Körperlose.

Bimbisara – König von *Maghada*, Anhänger und Freund des Buddha, wurde von seinem Sohn *Ajatasattu* ermordet.

Bhikkhu = Mönch

Bhikkhuheim – Gebäude, in denen Mönche die Regenzeit verbrachten, Vorläufer der Klöster

Bhikkhuni = Nonne

Bodhisattva – Figur im Mahayana-Buddhismus. Bodhisattvas sind Wesen, die Erleuchtung nicht nur für sich selbst anstreben, sondern zum Wohl aller Wesen. (Im *Theravada* wird das Wort nur für den späteren Buddha vor seiner *Erleuchtung* verwendet.)

Brahma – einer der Hauptgötter des Hinduismus, er gilt dort als der Schöpfer. Der Buddhismus kennt keinen Schöpfergott.

Brahmanen – eine der *Kasten* im *Hinduismus*, nur Brahmanen dürfen religiöse Rituale vollziehen.

Brahmanismus – indische Religion, die (u. a.) einen Brahman (Gott) verehren. Heute wird der Brahmanismus als Hinduismus bezeichnet

Brüten – hier als abwertender Begriff für Denken verwendet. Im Buddhismus unterscheidet man zwischen weisem Erwägen (yoniso manasikara) und einem nicht hilfreichen assoziativen, sprunghaften Denken, das nicht zielgerichtet auf ein Ergebnis hin ausgerichtet ist (papanca = geistiges Ausufern).

Buddha – wörtlich: Erwachter, einer der das Ziel des Buddhismus erreicht hat und damit befreit ist von den Fesseln des Ichglaubens.

Buddha-Dharma siehe *Dharma*

citt´ekagatta – Einspitzigkeit (anhaltende Ausrichtung des fokussierenden Gewahrseins auf ein einziges Objekt); einer der meditativen Vertiefungsfaktoren

devas – „Götter" im Hinduismus und Buddhismus, etwa vergleichbar mit den Engeln im Judentum, Christentum und Islam.

Diogenes – gemeint ist „Diogenes in der Tonne" (413-323 v.u.Z.) aus Sinope, griechischer Philosoph der Kyniker (Zyniker).

dharma (sanskr.) bzw. **dhamma** (pali) – hier die Bezeichnung für die Lehren des Buddha. Das Wort bedeutet Wahrheit, (Natur)Gesetz.

dukkha – ein zentraler Begriff der Lehre Buddhas, am einfachsten mit „Unvollkommenheit" oder „Unzulänglichkeit" zu übersetzen, besser wäre „das Gefühl, das etwas letztendlich nicht vollkommen zufriedenstellend ist". Älteste Übersetzungen von Buddhas Lehre übersetzten „Leiden", was dazu führte, dass der Buddhismus als pessimistisch angesehen wurde, denn letztendlich ist alles Vergängliche unvollkommen (dukkha). Dukkha ist auch das erste *upanisa*, das erste Glied des *Spiralpfades*.

Edler Achtfältige Pfad – erste und zentrale Beschreibung des Buddha für den Pfad zur Erleuchtung. Hier werden acht Baustellen genannt, an denen wir arbeiten müssen: 1. Rechte (oder Vollkommene) Vision (Ansicht), 2. Rechte Entschlossenheit, (3) Rechtes Denken, (4) Rechtes Handeln, (5) Rechter Lebenswandel, (6) Rechtes Bemühen, (7) Rechte Achtsamkeit, (8) Rechter *samadhi* **(Tabelle auf Seite 52)**

Edler Dreifacher Pfad – eine einfache Darstellung des buddhistischen Pfades, der hier auf die drei wesentlichen Bestandteile (Ethik-Meditation-Weisheit) reduziert wird, die in dieser Reihenfolge jeweils zur Perfektion geübt werden müssen um zur *Erleuchtung* zu gelangen.

Einmalwiederkehr – zweite Stufe der Heiligkeit, ein Einmalwiederkehrer. Er hat den Persönlichkeitsglauben überwunden, führt keine sinnentleerten Rituale aus und zweifelt nicht mehr am *Dharma*. Außerdem hat er Gier und Hass in ihren gröberen Formen überwunden. Der Name bedeutet, dass er nur noch einmal wiedergeboren wird. (Tabelle S. 154)

Elemente – Der Buddhismus kennt sechs Elemente, die ersten vier, die in den meisten antiken Kulturen verwendet wurden: Erde, Wasser, Wind (Luft), Feuer (Hitze), außerdem noch das fünfte

Element (= Quintessenz) Raum (wie auch bei den Griechen) und schließlich Bewusstsein. **(vgl. Tabelle auf S. 64)**

Entsagung - siehe *nibbida*

Erdelement – hierunter wird alles Feste, Erstarrte verstanden, also zum Beispiel Knochen, Haut, Haare, Steine, Autos aber auch Energien, die erstarrt sind. Es ist eines der sechs *Elemente*.

Erhabener – Anrede für den Buddha, wird nur von seinen Anhängern verwendet. In anderen östlichen Religionen teilweise auch Anrede für den Religionsstifter oder *Guru*.

Erleuchteter – einer, der das Ziel des Buddhismus erreicht hat, ein *Arahat* - vgl. auch *Erleuchtung*

Erleuchtung – Im Buddhismus das Ziel spirituellen Strebens. Ein erleuchtetes Wesen sieht die Welt völlig unverblendet, das heißt, es hat den Dualismus (aus Subjekt und Objekt) überwunden, was bedeutet, dass es sich als nicht von der Umwelt getrennt sieht, der Glaube an ein „Ich" oder „Selbst" überwunden ist. Dies ist keine rein intellektuelle Erkenntnis, sondern spiegelt sich im Denken, Fühlen und Handeln des/der Erleuchteten. In anderen Religionen wird Erleuchtung anders gesehen.

Erwachen - im Buddhismus gleichbedeutend mit *Erleuchtung.* Das Wort „Buddha" bedeutet „der Erwachte".

Feuerelement – hierunter wird alles Warme, Heiße oder Aufstrebende verstanden, also zum Beispiel unsere Körpertemperatur, Feuer, Mikrowellen oder Enthusiasmus; eines der sechs *Elemente*.

fünf (niedrige) Fesseln – Persönlichkeitsglaube (Glaube an ein Ich), Zweifelssucht, Hängen an Regeln und Riten (um ihrer selbst willen), sinnliches Begehren und Groll (Abneigung)

geistiges Ausufern – (papanca) eine Form wenig hilfreichen, assoziativen Denkens, ohne klare Zielrichtung auf das Treffen einer Entscheidung

Glückseligkeit - siehe *sukha*

Gotama – (Nach)Name des Buddha. Personen, die den Buddha mit „Herr Gotama" anreden, sind keine Anhänger des Buddha, diese würden „Erhabener" sagen.

Hausloser, Hauslosigkeit siehe *sramanera*

Hauslosigkeit – Lebensweise von (nicht nur) buddhistischen Mönchen und Nonnen, die als Obdachlose leben und keine Familie gründen; es wird hiermit bewusst an das besitzlose Leben der Sammler angeknüpft, wie es vor der Sesshaftwerdung des Menschen und der ursprünglichen Inbesitznahme (Privatisierung) von Grund und Boden war.

Herz beruhigen, das – siehe *passaddhi*

Herz und Geist – das Paliwort hierfür ist *citta*: Während im Westen der Geist meist als etwas Verkopftes angesehen wird, sind in diesem Begriff auch die Gemütsempfindungen vorhanden. Mit Herz ist dabei nicht der Herzmuskel gemeint, sondern das Herz im poetischen Sinn, wie etwa bei: „Er hat ein kaltes Herz."

himmlisches Auge – beschreibt eine Eigenschaft eines spirituellen Meisters, die ihn zum Hellsehen befähigt, also das zu sehen, was an einem anderen Ort (oder auch zu einer anderen Zeit) geschieht.

himmlisches Ohr – Hellhören, vgl. *himmlisches Auge*

Hindu - Anhänger des *Hinduismus*

Hinduismus oder **Hindureligion** – ist die Mehrheitsreligion in Indien schon zu Zeiten des Buddha und bis heute.

Jainismus – indische Minderheitenreligion, siehe: *Mahavira*

Jeta-Hain – Wäldchen, das der Kaufmann *Anathapindika* für einen horrenden Preis dem Prinzen Jeta abkaufte, um darin ein Regenzeitquartier für den *Sangha* des Buddha einzurichten.

jhana – (Palibegriff, in Sanskrit: dhyana) ist ein meditativer Vertiefungszustand. Nach der häufigsten Einteilung gibt es acht aufeinander aufbauende Vertiefungszustände. Ziel dieser Vertiefungszustände ist die Überwindung des Ego und der Gedanken sowie das Erreichen einer kosmischen

Verbundenheit, die im Buddhismus als Nondualität zwischen Ich und dem Anderen gesehen wird (*anatta* = Nicht-Ich). Jhana ist eine hohe buddhistische Tugend, eine der sechs Tugenden, die ein **Bodhisattva** übt. Es gibt (nach der üblichen Zählung) vier feinkörperliche und vier unkörperliche jhanas, im ersten jhana sind *vitakka* (aufnehmende meditative Konzentration), *vicara* (anhaltende meditative Konzentration), **citt´ekagatta** (einspitzige Ausrichtung des Geistes), **piti** (Verzückung) und **sukha** (Glückseligkeit) vorhanden. In der zweiten Vertiefung fallen die ersten beiden Faktoren weg, in der dritten auch **piti**. In der vierten entfällt **sukha,** stattdessen kommt Gleichmut (**upekkha**) hinzu. Vergleiche Tabelle auf Seite 38.

Kapilavattu – Hauptstadt von **Shakya**, hier lebte der spätere Buddha in seiner Jugend.

Karma – im Buddhismus jede absichtlich ausgeführte Handlung. Es wird davon ausgegangen, dass Handlungen Folgen haben, die (auch) auf den Verursacher zurückwirken. Im **Hinduismus** hingegen wurde davon ausgegangen, dass es karmisch heilsam sei, sich an die Regeln und Beschränkungen seiner **Kaste** zu halten und die **Brahmanen** (bezahlte) Opfer für einen bringen zu lassen.

Kaste – Die indische Gesellschaft wird gemäß der hinduistischen Religion in streng voneinander abgetrennte Kasten eingeteilt, die wichtigsten Kasten sind die Brahmanen (Priester), der Adel (Krieger, Beamte) und die Kaufmannskaste.

khandha – Anhäufung, Gruppe; im Buddhismus wird der Mensch in fünf khandhas eingeteilt, das augenscheinlichste ist das rupa-kkhandha (Form, Körper, mitunter auch Phänomen). Eine ausführliche Darstellung befindet sich im Abschnitt „Der Buddha ist wie das Feuer" dieses Buches.

Kolya – Adelsrepublik am Fuße des Himalaya mit einer parlamentarischen Versammlung (ähnlich dem Oberhaus im U.K.)

Kommentar - es gibt zum Pali-Kanon „offizielle" Kommentare, die in **Theravada**kreisen seit über 1000 Jahren verwendet werden.

Leichenplätze – Da Holz für die Verbrennung der Toten teuer war, entsorgten die Armen im antiken Indien ihre Toten, indem sie sie an bestimmten Plätzen niederlegten, wo dann Raubtiere, Würmer und Insekten das naturgemäße Recycling der Leichen übernahmen.

Loslassen – siehe *nibbida*

Maghada – Staat im Norden Indiens z. Z. des Buddha. Maghada war etwa so groß wie Hessen und stand in Konkurrenz zum Nachbarstaat Kosala.

Mahamoggallana – einer der beiden Hauptjünger des Buddha (neben Sariputta). Mahamoggalana war vor allem für seine tiefe Meditation und seine paranormalen Fähigkeiten bekannt.

Mahavira - wörtlich: „großer Held"; er gilt vielen als der Begründer der indischen Religion *Jainismus*, die etwa zeitgleich mit dem Buddhismus entstanden ist. Die Lehre des Jainismus existiert in Indien bis auf den heutigen Tag; außerhalb des Subkontinents konnte sie jedoch – im Gegensatz zur Lehre Buddhas – nie nennenswert Fuß fassen. (Quelle: Wikipedia)

Majjhima Nikaya = Mittlere Sammlung, in diesem Teil des *Pali-Kanons* sind die mittellangen Lehrreden des Buddha zusammengestellt, 152 Stück an der Zahl. Aus der Majjhima Nikaya stammen die meisten der in diesem Band nacherzählten Geschichten, man erkennt sie daran, dass im Pali-Titel die Abkürzung „MN" erscheint, danach folgt die laufende Nummer der Geschichten. Geschichten mit der Kennzeichnung „D" stammen hingegen aus der Digha Nikaya, der Sammlung der langen Lehrreden.

Mara – das Böse, in der Regel personifiziert als der Böse, der Versucher

meditative Vertiefung siehe *jhana*

Metta – eine sehr positive Emotion: Wohlwollen, Zuneigung, (nichterotische) Liebe, oft als „liebende Güte" übersetzt. Mitunter wird sie auch als „Allgüte" bezeichnet, denn Metta soll allen Wesen in gleicher Weise entgegen gebracht werden. Es ist das, was beispielsweise Jesus meint, wenn er sagt, man solle nicht nur seinen Nächsten lieben wie sich selbst, sondern sogar seinen Feind.

metta bhavana – Meditation zur Schaffung von Bedingungen damit *metta* entsteht. Sie wird normalerweise in fünf Phasen geübt (1) *metta* zu mir selbst, (2) zu einem guten, edlen Freund/Freundin, (3) zu einer neutral besetzten Person, (4) zu einer schwierigen Person (Feind) und (5) zu allen fühlenden Wesen.

Mettiko Bhikkhu – bürgerlich: Kay Zumwinkel, dt. Mönch, im *Theravada* ordiniert, der im Auftrag von *Ayya Khema* die *Majjhima Nikaya* in zeitgemäßes Deutsch neu übersetzt hat.

mittellange Lehrreden siehe *Majjhima Nikaya*

Moggalana – einer der beiden Hauptjünger des Buddha (neben *Sariputta*), war für seine übernatürlichen Fähigkeiten bekannt. Da es mehrere Mönche dieses Namens gab, wird er meist als Mahamoggalana (=Moggalana, der Große) bezeichnet.

Nachtwache – Wenn mehrere Menschen im Freien übernachteten, wurden in der Regel Personen als Nachtwache eingeteilt. Dabei ging man davon aus, dass die Nacht etwa zwölf Stunden dauert, wovon der Mensch nur acht zum Schlafen braucht. Die ersten vier Stunden der Nacht waren dann die erste Nachtwache usw. Wenn also von der dritten Nachtwache die Rede ist, so meint man das letzte Drittel der Nacht.

Nadir - in der Geometrie der dem Zenit gegenüberliegende Fußpunkt. Der Nadir liegt auf der Verlängerung der Lotrichtung nach unten.

nama-rupa - „Körper und Geist", ist in der zwölfgliedrigen *nidana*-Kette des abhängigen Entstehens das vierte Glied.

Nibbana = das Paliwort entspricht *Nirwana* (sanskr.)

nibbida – Rückzug, Entsagung, nach dem Pali-Kanon neunte Stufe der *upanisas*, der Stufen auf dem Weg zur Erleuchtung (Vergleiche Tabelle auf S. 160)

Nichtwiederkehrer – man unterscheidet vier Stufen der Heiligkeit, die unterste davon ist der **Stromeintritt**, es folgt der Einmalwiederkehrer (der nur noch einmal wiedergeboren wird), der Nichtwiederkehrer (der nach dem Tod in einem himmlischen Gefilde Lebende, von wo er ins Nirwana eingehen wird, ohne wiedergeboren zu werden) und der *Arahat*. (Tabelle S. 154)

Nidana – „Kettenglied", das Entstehen in Abhängigkeit von Bedingungen wird im Buddhismus traditionell durch eine Kette von zwölf Gliedern dargestellt (1. spirituelle Unwissenheit, Verblendung, 2. Gestaltungskräfte, 3. Bewusstsein, 4. psycho-somatische Gesamtheit, 5. sechs Sinnengrundlagen, 6. Kontakt, 7. Empfindung, 8. Verlangen, 9. Ergreifen und Festhalten, 10. Entstehen, 11. Geburt, Erscheinen, 12. Krankheit und Tod)

Nirwahn siehe *Nirwana*

Nirwana – Ziel des Buddhismus, das Wort bedeutet „verwehen" oder Nicht-Wahn

nirwanisch – Adjektiv zu *Nirwana*

Ohne jemals zu jener Welt zurückzukehren – siehe *Nichtwiederkehrer*

Pali-Kanon – älteste Schriftensammlung des Buddhismus, hier sind u.a. die Lehrreden des Buddha enthalten. Die Geschichten dieses Bandes entstammen dem Pali-Kanon.

pamojja - „Freude", drittes (nach dem Sanskrit-Kanon: achtes) *upanisa* (Vergleiche Tabelle auf S. 160)

panna – Weisheit (Pali) = *prajna* (Sanskrit) siehe dort

papanca – meist übersetzt mit „geistiges Ausufern", dem was unser Denken meist macht: es assoziiert Dinge und lässt sich dadurch von Unzerstreutheit und einsitziger Ausrichtung auf das Betrachtungsobjekt ablenken.

Parinibbana – Tod eines Erleuchteten. Mit der Erleuchtung hatte dieser Nirwana (pali: *nibbana*) verwirklicht, er war dem Kreislauf aus Geburt und Wiedertod entronnen. Da er jedoch noch einen Körper hatte, musste er noch einmal sterben, geht dann aber keiner neuen Geburt mehr entgegen. Diesen letzten Tod nennt man *parinibbana.*

passaddhi - „Zur-Ruhe-Kommen", fünftes (nach dem Sanskrit-Kanon: zehntes) *upanisa*

Pasenadi – *Raja* von *Kosala*, einem Staat im Norden Indiens zur Zeit des Buddha. Kosala war etwa so groß wie Hessen. Pasenadi war Anhänger des Buddha.

paticcasamuppada – Bedingte Entstehung, zentrale Lehre des Buddha. Häufig als zwölfgliedrige Kette des bedingten Entstehens dargestellt: Unwissenheit – Geistesformationen – Bewusstsein – Körper und Geist – sechs Sinnengrundlagen aller geistigen Vorgänge – Kontakt – Empfindung – Verlangen – Anhaften – Werdeprozess – Wiedergeburt – Alter und Tod. Die klassische bildnerische Darstellung findet sich auf **Seite 52 dieses Buches.**

phassa - Kontakt, eine der fünf notwendigen Bedingungen, damit eine Sinnenwahrnehmung stattfindet. Gemeint ist hier der Kontakt zwischen dem Sinnesorgan und dem zu erkennenden Objekt. Phassa ist das 6. Glied in der zwölfgliedrigen Kette des *paticcasamuppāda.*

piti - „Verzückung, Begeisterung, Extase", ist auch einer der Vertiefungsfaktoren im ersten *jhana.* (Vergleiche Tabelle auf S. 160)

prajna – (sanskrit, auf pali: *panna*) „Weisheit", auch der dritte Teil des *Dreifachen Pfades;* sie zu entfalten gilt auch als eine hohe buddhistische Tugend und eine der sechs Tugenden, die ein *Bodhisattva* übt.

Rad des Werdens – Häufig (fälschlich) als „tibetisches Lebensrad" bezeichnet – ist es eine Darstellung, wie es zum Wieder-erscheinen („Wiedergeburt") kommt, wie wir in Abhängigkeit von falschen Projektionen Dinge begehren – in der Erwartung, dass diese uns wirklich dauerhaft glücklich machen können, wozu sie allerdings nicht in der Lage sind. Dauerhaftes Glück gibt es nach buddh. Überzeugung erst mit der Befreiung, dem Erwachen, dem Erreichen des *Nirwana.*

Rahula – Sohn des Buddha. Möglicherweise war es so, dass die Familie *Siddharthas* von diesem verlangte, dass er erst einen Stammhalter zeugen musste, bevor er zum Mönch wurde. Nach der Geburt des Sohnes wollte man nach dieser Theorie *Siddhartha* davon abhalten, Mönch zu werden, da er nun einen Sohn habe. Dies würde erklären, warum Siddhartha seinen Sohn „Rahula" nannte, denn Rahula heißt „Fessel".

Rajagaha – Hauptstadt von *Maghada*

Raja – Herrscher, mitunter als „König" übersetzt. Die Rajas von *Shakya* wurden aber beispielsweise vom Adel gewählt. Ähnliches galt damals in ielen dieser kleinen Staaten, es gab also teilweise monarchische, teilweise republikanische Verhältnisse – und auch Mischformen.

Reine Bereiche – (suddhavasa) Die 'Reinen Gefilde', bezeichnen fünf der der Feinkörperlichen Welt *(rupa-loka)* angehörenden Himmel, in denen nur die **Nichtwiederkehrer** wiedergeboren werden und in einem von welchen sie dann die **Arahat**schaft und das **Nirwahn** erreichen. (Quelle: Buddh. Wörterbuch)

Raumelement – hierunter werden sowohl Hohlräume im Körper (Mund, Ohrgänge) als auch in der Natur (Höhlen) verstanden, aber auch der Raum, der die anderen vier Elemente (Erde, Wasser, Feuer, Wind/Luft) enthält - daher auch Quintessenz (5. Essenz) - und dann natürlich auch der Weltraum.

Retreatzentrum – ein Ort, wo zahlreiche Personen gleichzeitig in Abgeschiedenheit meditieren können; ursprünglich für Mönche in der Regenzeit gedacht, heute für Laien, die sich Zeit für einen meditativen Rückzug nehmen.

Saddha – (gläubiges) Vertrauen (zweites **upanisa**), das Paliwort heißt auf Sanskrit *sraddha*.

Sadhu – wörtlich „Heiliger", Bezeichnung für spirituelle Sucher, die häufig in der *Hauslosigkeit* leben, Sadhus gab es schon zu Buddhas Zeiten in Indien, aber auch heute noch. Der Ausruf „Sadhu-sadhu-sadhu!" wird in buddh. Kreisen als feierlich-freudiger Ausruf verwendet. z. B. um jemanden hochleben zu lassen.

salayatana – die „Sechssinnengrundlage", also die sechs Sinne (Hören, Sehen, Riechen, Schmecken, Tasten und Denken) auf der jede Bewusstseinsmodifikation beruht. Salayatana ist das 5. Glied in der zwölfgliedrigen Kette des *paticcasamuppāda.*

Samadhi - „tiefe Meditation, Versenkung, spirituelle Absorbiertheit". Samadhi ist auch der zweite Teil des *Edlen Dreifachen Pfades* (Vergleiche Tabelle auf S. 160)

Samsara – alles, was nicht Nirwana ist

samsarisch – Adjektiv zu *samsara*

Sangha – spirituelle Gemeinschaft, hier für die Gemeinschaft der Schülerinnen und Schüler des Buddha verwendet. Zur Sangha in engeren Sinn gehören nach Auffassung des *Theravada* nur Mönche und Nonnen, zur Sangha im engsten Sinn nur Erleuchtete.

Sangharakshita – englischer Buddhist (1925-2018), ursprünglich im *Theravada* ordiniert, der 1967 die Buddhistische Gemeinschaft *Triratna* gründete.

sankhara - „'Formation', Karmaformation, Gestaltung, Bildung, geistiges Gestalten. Das in karmischer Willenstätigkeit bestehende Gestalten" (aus: Buddh. Wörterbuch); meist hilft in der Praxis der Begriff „Willensimpulse" als Übersetzung weiter. Sankhara ist das 2. Glied in der zwölfgliedrigen Kette des *paticcasamuppāda.*

sanna – Wahrnehmung (sehen, hören, tasten, riechen, schmecken, denken); eines der fünf *khandhas*

Sariputta – einer der beiden Hauptjünger des Buddha (der andere war dessen Freund *Moggalana*), er wird auch „Marschall der Lehre" genannt, weil er die Novizen in den Lehren des Buddha unterrichtete, diese lernten die Lehrreden des Buddha auswendig. Möglicherweise gehen mnemotechnische Hilfsmittel (wie die immergleichen Wiederholungen) auf Sariputta zurück.

Savatti – Hauptstadt von **Kosala**. Der Kaufmann Anathapindika hatte hier einen Park mit einem Kloster gestiftet, wo der Buddha insgesamt 19 Male die Regenzeit verbrachte.

Sechs Grundlagen – gemeint sind die Grundlagen, aufgrund derer unser Denken, Fühlen und Handeln besteht, also die sechs Sinneseindrücke durch Sehen, Hören, Riechen, Schmecken, Tasten und Denken

Seele siehe *atman*

Seelenwanderung – Bei der Seelenwanderung wird davon ausgegangen, dass sich eine Seele (*atman*) immer wieder in Menschen oder Tieren (oder auch körperlosen Wesen) reinkarniert. Wichtig: diese Auffassung gibt es nur im Hinduismus, aber nicht im Buddhismus, weil dieser keine ewige Seele kennt, sondern nur das *Bewusstsein*.

Selbstkasteiung – unangenehme religiöse Übungen, in denen der eigene Körper zum Zwecke der Läuterung gequält wird. Der Buddha lehnt dies ab.

Shayka – kleine Adelsrepublik in Nordostindien, in der der spätere Buddha geboren wurde.

Siddharta – (Vor)Name des späteren Buddha (=Siegfried)

Sinnesvergnügen – Freude, die durch den Kontakt eines Sinnesorganes mit angenehmen Objekten entsteht, also durch Sehen, Hören, Riechen, Schmecken, Berührung oder Denken. Eine **Tabelle** der sechs Sinne und der verbundenen Bewusstsein auf **S. 150**.

„So habe ich gehört" – Formel, mit der alle Lehrreden des Buddha im *Pali-Kanon* beginnen. Diese Formel weist darauf hin, dass alle Reden des Buddha erst später gesammelt wurden und Buddhas Sekretär Ananda, der ein phänomenales Gedächtnis hatte, hierzu den Wortlaut beisteuerte. Es ist gewissermaßen die Formel, mit der sich Ananda verbürgte, dass dies die Originalworte des Buddha waren.

Sprachvorsätze – der Buddha empfiehlt uns verschiedene Grade der sprachlichen Vorsätze; unsere Sprache sollte sein (1) aufrichtig und ehrlich, auch im Detail, (2) freundlich, (3) harmoniefördernd, (4) hilfreich für den Angesprochenen, (5) zur richtigen Zeit, also wenn man den Angesprochenen damit inhaltlich auch erreichen kann.

Spiralpfad – von *Sangharaksita* geprägter Begriff für die zwölf *upanisas*, die der Buddha lehrt. (Vergleiche Tabelle auf S. 160)

Sramanera – sozialer Aussteiger im alten Indien, der als religiöser Sucher in der *Hauslosigkeit* lebt, also als Obdachloser.

Stromeintritt – So etwas wie die erste Stufe der Heiligkeit im Buddhismus, die weiteren Stufen sind Einmalwiederkehrer, Nichtwiederkehrer und *Arahat*schaft (vollständige Heiligkeit, Erleuchtung). Stromeingetretene können nie wieder hinter diesen Zustand zurückfallen, sind also der baldigen Erleuchtung (spätestens nach sieben Leben, so heißt es) sicher. (Tabelle S. 154)

sukha - „Glückseligkeit", einer der Vertiefungsfaktoren im ersten *jhana* - (Vergleiche auch Tabelle auf S. 160)

***sutta** (Mhz.: Sutren oder Sutten)* - Lehrrede

tanha – Verlangen (wörtl.: Durst), 8. Glied in der zwölfgliedrigen Kette des *paticcasamuppāda*

Tathagata – wörtlich ein „So-Gegangener"; einer, der den Pfad, den der Buddha gegangen ist, (bis zum Ende) gegangen ist. Ein Synonym für „Buddha", ein häufig vom historischen Buddha für sich selbst verwendeter Begriff.

Theravada - eine der frühen Schulen des Buddhismus, die einzige Hinayana-Richtung, die noch existiert. Theravada bedeutet „Schule der Älteren", was darauf hinweisen soll, dass ihre Anhänger den Buddhismus so praktizieren, wie das der Buddha selbst gemacht hat. Bei ihnen stehen die Lehrreden des Pali-Kanon, der ältesten buddh. Schriften, im Mittelpunkt.

Thoreau, Henry David (1817-1862) – gilt als Prophet des zivilen Ungehorsams und als Steuerrebell, er zog sich 1845 an den Waldensee (Massachusetts) zurück, wo er das einfache, naturnahe Leben einübte. Sein Buch „Walden" ist bei amerikanischen Naturisten Kult. Er war stark von Alexander von Humboldt beeinflusst.

Triratna – buddh. Gemeinschaft, die Sangharakshita 1967 in London gründete. Triratna heißt wörtlich „Drei Juwelen", eine traditionelle Bezeichnung für **Buddha, Dharma** und **Sangha.**

Uddaka Ramaputra – zweiter Meditationslehrer des **Siddharta**, bei ihm erreichte er die achte (höchste) Vertiefungsstufe der Meditation, das sog. Gebiet der „Weder-Wahrnehmung-Noch-Nichtwahrnehmung"

Unwissenheit – eines der drei Wurzelübel, das der Praktizierende völlig zu überwinden hat. Gemeint ist hiermit keine enzyklopädische, sondern ausschließlich die spirituelle Unwisenheit, also die Unkenntnis des **Dharma**.

upanisa – Vom Buddha wurde im *upanisa* **sutta** eine Reihe von aufeinander aufbauenden und sich gegenseitig verstärkenden Bedingungen für eine spirituell positive Entwicklung aufgezeigt. Ich übersetze *upanisa* mit "Voraussetzung". Im *upanisa sutta* ist der Pfad in – je nach Quelle – 12 bzw. 19 upanisas aufgeteilt, damit stellt er eine ausgearbeitete Variante des **Dreifachen Pfades** dar. (Vergleiche Tabelle auf S. 160)

upekkha – Gleichmut (nicht Gleichgültigkeit!), eine von **metta** getragene Emotion, die ein Wesen als Produkt seiner Bedingungen, seiner Umwelt und seiner individuellen (genetischen, sozialisatorischen und karmischen) Dispositionen sieht.

vedana - „Gefühlstönung, Empfindung", diese kann positiv, negativ oder neutral sein, ist eine der fünf notwendigen Bedingungen, damit eine Sinnenwahrnehmung stattfindet. Vedana ist in der *nidana*-Kette des abhängigen Entstehens das siebte Glied.

vayama – Bemühen, Eifer, Anstrengung, Studium; im Buddhismus ist keine Erlösung ohne eigenes Bemühen möglich. Es gibt einen Pfad, den der Buddha aufgezeigt hat, aber gehen muss ihn jeder selber. Daher auch das sechste Glied des **Edlen Achtfältigen Pfades:** samma vayama.

Vertiefungszustände, meditative - siehe *jhana*

Vergänglichkeit – siehe *anicca*

Verzückung – siehe *piti*

Vier Edle Wahrheiten = zentrale Lehre des Buddhismus: (1) alles abhängig Entstandene ist unvollkommen, (2) es hat Ursachen (Gier, Hass, Verblendung), (3) durch Beseitigung der Ursache(n) vergeht es, (4) der Weg zur Beseitigung des Unerwünschten (= der *Edle Achtfältige Pfad*) – siehe auch **Tabelle S. 142**

vimukti (oder in Pali: vimutti) – Befreiung, ist gleichbedeutend mit Erwachen oder Erleuchtung, man ist befreit vom Ego und damit auch von *Wiedergeburt.*

vinnana - „(Kern-)Bewusstsein ist in der *nidana*-Kette des abhängigen Entstehens das dritte Glied; v. ist auch eines der fünf *khandhas*

viraga - (= Abgeschiedenheit) nach dem Pali-Kanon zehntes *upanisa*, der Schritte auf dem Weg zur Erleuchtung

viriya - „Tatkraft im Verfolgen des Guten" es ist eine hohe buddhistische Tugend und eine der sechs Tugenden, die ein *Bodhisattva* übt.

Waldenser - christliche Reformbewegung, die auf Petrus Valdes zurückgeht. Dieser reiche Kaufmann aus Lyon gab nach einem Läuterungserlebnis sein Vermögen auf, organisierte um 1176/77 Armenspeisungen und hielt mit seinen Anhängern Wanderpredigten auf Basis volkssprachlicher Evangelien-übersetzungen ab. Die frühen Anhänger von Valdes, sowohl Männer als auch Frauen, verzichteten auf persönlichen Besitz, lebten vom Betteln, trugen einfache Gewänder und Sandalen und wurden deshalb in Südfrankreich als *Arme von Lyon* bezeichnet. Die Waldenser sind heute eine kleine Richtung im Protestantismus.

Wasserelement – hierunter wird alles Flüssige, alles Fließende verstanden, also beispielsweise Bäche, Meere, Blut, Speichel, die Zeit oder in Fluss geratene Energien. Es ist eines der Sechs *Elemente.*

Wiedergeburt – in Hinduismus reinkarniert sich die Seele nach dem Tode neu. Der Buddhismus kennt weder eine Seele noch ein Selbst, sondern nur Prozesse. Karmisch unvollkommene Prozesse, d. h. solche die mit Gier, Hass und Verblendung kontaminiert sind, führen zu einem Wiederentstehen. Gewohnheiten und Verhaltensmuster bestehen so weiter, auch über den Tod einer Person hinaus. **Der Buddha sagt daher: Es gibt Wiedergeburt, aber keinen, der wiedergeboren wird.** Denn der Prozess, der mit der Geburt beginnt, ist zwar unter anderem karmisch bedingt, aber eben auch genetisch und sozialisatorisch.

Windelement (auch: Luftelement) – hierunter wird alles sehr Bewegliche verstanden, also zum Beispiel Winde im Körper, Winde in der Natur oder Gedanken. Es ist eines der Sechs *Elemente*.

Zenit - ist die nach oben verlängerte Lotrichtung eines Standortes. Die Gegenrichtung nennt sich Nadir („Fußpunkt").

Buddhistische Erzählungen

von Horst Gunkel sind auch im Internet unter www.kommundsieh.de veröffentlicht.

Als „Gelnhäuser Buddhistische Geschichten" sind bislang erschienen:

Buddhas Sohn Rahula (Band 1)
Geschichten aus dem Palikanon
ISBN: 978-3-7504-0010-8, 130 Seiten, Preis: 7 EUR

Die Tochter des Samurai (Band 2)
Geschichten aus Mahayana, Vajrayana und Zen
ISBN: 978-3-7519-1734-6, 145 Seiten, Preis: 7 EUR

Buddhistische Pilgerwanderung (Band 3)
Horst auf dem Weg Richtung Bodh Gaya
ISBN: 978-3-7519-7192-8, 246 Seiten, Preis: 10 EUR

Ausgewählte Lehrreden des Buddha (Band 4)
in zeitgemäßer Form nacherzählt und teilweise erläutert
ISBN: 978-3-7526-2197-6, 186 Seiten, Preis: 9 EUR

In Vorbereitung sind:

Buddh. Geschichten aus der Gegenwart
Der Prinz, der zum Buddha wurde
Begegnungen mit dem Transzendenten
Gelnhäuser buddhistische Vorträge

Ob und wann neue Geschichten in Buchform erscheinen, wird auf der Webseite www.kommundsieh.de rechtzeitig mitgeteilt.